Curso

*La diferencia entre aprobar
y sacar plaza*

Cuerpo Administrativo

COMUNIDAD AUTÓNOMA DE CASTILLA Y LEÓN

Si aún no dispones de tu **Curso MAD360**, te ofrecemos un acceso GRATIS de 30 días para que disfrutes de los siguientes recursos:

- Técnicas de Memoria 360.
- MADTEST: Test *online* Nivel PRO.
- Temario en formato digital.
- Vídeos.
- Esquemas.
- Planificación de estudio.
- Foro entre opositores hasta la fecha del examen.*
- Recursos y novedades exclusivas.
- Consúltanos sobre tu oposición y proceso selectivo.
- Actualizaciones legislativas (Boletines Oficiales) hasta 60 días antes de la fecha del examen.*

Para acceder a esta prueba del Curso MAD360** será necesaria la compra de todos los libros para esta especialidad de la edición 2026.

Regístrate en **mad.es/iniciar-sesion** y en la pestaña MIS CURSOS valida los códigos que encuentras en la última página de tus libros.

NOTA IMPORTANTE:

* Examen de esta categoría profesional correspondiente a la convocatoria publicada en el BOCYL núm. 7, de 13 de enero de 2026, o hasta el 28 de febrero de 2027, lo que se cumpla antes, y previa renovación del servicio.

** El acceso al CURSO MAD360 estará disponible desde febrero de 2026 (algunos recursos podrían estar disponibles en fecha posterior). Tendrá una duración de 30 días RENOVABLES mediante pago, desde la validación de códigos, o hasta el 31 de agosto de 2027, lo que se cumpla antes.

MAD se reserva el derecho a ampliar dichas fechas.

Cuerpo Administrativo de la Administración de la Comunidad Autónoma de Castilla y León

Cuerpo Administrativo de la Administración de la Comunidad Autónoma de Castilla y León

Test

Autores

ROBERTO SALAMANCA CRIADO
LICENCIADO EN DERECHO

MARÍA JOSÉ ASQUERINO LAMPARERO
PROFESORA AYUDANTE DOCTORA UNIVERSIDAD DE SEVILLA

PATRICIA PÉREZ SÁNCHEZ ROMATE
LICENCIADA EN DERECHO

SERGIO JIMENO MOLINS
INGENIERO SUPERIOR EN TELECOMUNICACIONES PROFESOR DE
EDUCACIÓN SECUNDARIA OBLIGATORIA Y BACHILLERATO

JUAN CARLOS USERO LÓPEZ
LICENCIADO EN DERECHO
FUNCIONARIO DEL CUERPO SUPERIOR DE ADMINISTRADORES
GENERALES DE LA JUNTA DE ANDALUCÍA
CONSEJERO TÉCNICO

CARLOS TOJEIRO ALCALÁ
INGENIERO INFORMÁTICO
TITULADO MCP DE MICROSOFT

JOSÉ ANTONIO GUERRERO ARROYO
CUERPO SUPERIOR DE LETRADOS

LIDIA PONCE MARTÍNEZ
LICENCIADA EN PSICOLOGÍA

FRANCISCO JESÚS TORRES FONSECA
LICENCIADO EN DERECHO

© 7 Editores Recursos para la Cualificación Profesional y el Empleo, S.L. (7 Editores)
© Los autores
Primera edición, marzo 2026 (226 páginas)
Derechos de edición reservados a favor de 7 Editores
IMPRESO EN ESPAÑA
Diseño Portada: 7 Editores
Edita: 7 Editores
Avda. San Francisco Javier, 9 · Edificio Sevilla 2 · Planta 11 · Módulos 25-27 · 41018 Sevilla
Teléfono: 954 784 411 · WEB: www.mad.es · e-mail: administracion@7editores.com
ISBN: 979-13-702-8567-8
© "Editorial Mad" y "Eduforma" son nombres comerciales registrados de
7 Editores Recursos para la Cualificación Profesional y el Empleo, S.L.
Queda rigurosamente prohibida la reproducción total o parcial de esta obra por cualquier medio
o procedimiento sin la autorización por escrito del editor.

Índice

Organización del Estado, de la Unión Europea y de la Comunidad de Castilla y León

GRUPO I

TEST N.º 1

La Constitución Española

1. ¿En qué se fundamenta la Constitución Española?

a) En un Estado social y democrático de Derecho.
b) En la indisoluble unidad de la Nación española.
c) En la independencia de los poderes del Estado.
d) En la organización territorial del Estado.

2. Según el artículo 3 de la CE, el castellano es la lengua oficial del Estado y todos los Españoles:

a) Tienen el deber de usar y el derecho de conocer el castellano.
b) Tienen el derecho y el deber de conocer el castellano.
c) Tienen el deber de conocer y el derecho de usar el castellano.
d) Tienen el derecho de conocer y usar el castellano.

3. La Constitución Española reconoce y garantiza el derecho a la autonomía:

a) De las nacionalidades que la integran.
b) De las regiones que la integran.
c) De las Comunidades Autónomas que la integran.
d) De las nacionalidades y regiones que la integran.

4. El Preámbulo de la Constitución:

a) Tiene en sí carácter de norma jurídica.
b) Es una declaración de intenciones, destinada a interpretar lo que se quiere alcanzar con el contenido normativo de la Constitución.
c) Se trata de un texto sin fuerza jurídica de obligar.
d) Las respuestas b) y c) son correctas.

5. Señala la afirmación correcta, respecto de la aprobación, ratificación y publicación de la Constitución Española:

a) Aprobada por las Cortes el 31 de octubre de 1978, ratificada por el pueblo en referéndum el 6 de diciembre de 1978 y publicada el 29 de diciembre de 1978.
b) Aprobada por las Cortes el 30 de octubre de 1978, ratificada por el pueblo en referéndum el 16 de diciembre de 1978 y publicada el 27 de diciembre de 1978.

c) Aprobada por las Cortes el 31 de octubre de 1978, ratificada por el pueblo en referéndum el 16 de diciembre de 1978 y publicada el 29 de diciembre de 1978.

d) Aprobada por las Cortes el 10 de octubre de 1978, ratificada por el pueblo en referéndum el 26 de diciembre de 1978 y publicada el 30 de diciembre de 1978.

6. ¿En qué parte de la Carta Magna se establece la exposición de motivos que impulsan la norma constitucional y los objetivos que con ella se pretenden alcanzar?

a) En el Título Preliminar.
b) En el Preámbulo.
c) En el Título I.
d) En el Título II.

7. La Constitución Española fue sancionada por:

a) El Rey.
b) El Presidente del Congreso.
c) Las Cortes Generales.
d) El Presidente del Gobierno.

8. ¿Cuáles de los siguientes españoles de origen pueden ser privados de su nacionalidad?

a) Exclusivamente los miembros de grupos terroristas.
b) Los miembros de grupos terroristas y los que atenten contra el Rey u otro miembro de la Casa Real.
c) Los que atenten contra un miembro de la Familia Real o del Gobierno de la Nación.
d) Ningún español de origen podrá ser privado de su nacionalidad.

9. Según la CE son fundamentos del orden político y la paz social:

a) La dignidad de la persona, los derechos violables que les son inherentes y el respeto a la ley.
b) La dignidad de la persona, el desarrollo limitado de la personalidad y el respeto a la ley.
c) El respeto a la ley, a los reglamentos administrativos y demás disposiciones legales.
d) La dignidad de la persona, los derechos inviolables que le son inherentes, el libre desarrollo de su personalidad, el respeto a la ley y a los derechos de los demás.

10. ¿Cuál de los siguientes es considerado por la CE como uno de los valores superiores del ordenamiento jurídico?

a) La jerarquía normativa.
b) El pluralismo político.
c) La publicidad normativa.
d) La equidad.

11. La forma política del Estado español es:

a) Democracia parlamentaria.
b) Gobierno parlamentario.
c) Monarquía parlamentaria.
d) República democrática.

12. La parte de la CE que regula la estructura de los principales órganos del Estado recibe el nombre de:

a) Parte dogmática.
b) Parte orgánica.
c) Parte estatal.
d) Parte estructural.

13. Según la CE, la soberanía nacional:

a) Corresponde a las Cortes Generales, al estar compuestas por los representantes del pueblo.
b) Corresponde al Rey.
c) Reside en el pueblo español.
d) Corresponde al Gobierno de la Nación elegido directamente por el pueblo.

14. El derecho a la propiedad en nuestra Constitución es un Derecho:

a) Inherente a la condición humana.
b) Absoluto.
c) Limitado por la función social de la misma.
d) Ninguna de las respuestas anteriores es correcta.

15. ¿En qué parte de la Carta Magna se señalan los valores superiores del ordenamiento jurídico?

a) En el Preámbulo.
b) En el Título Preliminar.
c) En el Título I.
d) Ninguna respuesta es correcta.

En MADTEST tienes **más preguntas de este tema**, y todos tus avances quedan registrados y se reflejan en el ranking.

¡Supera tus límites con MADTEST!

Solución al test n.º 1

1. b) En la indisoluble unidad de la Nación española.

2. c) Tienen el deber de conocer y el derecho de usar el castellano.

3. d) De las nacionalidades y regiones que la integran.

4. d) Las respuestas b) y c) son correctas.

5. a) Aprobada por las Cortes el 31 de octubre de 1978, ratificada por el pueblo en referéndum el 6 de diciembre de 1978 y publicada el 29 de diciembre de 1978.

6. b) En el Preámbulo.

7. a) El Rey.

8. d) Ningún español de origen podrá ser privado de su nacionalidad.

9. d) La dignidad de la persona, los derechos inviolables que le son inherentes, el libre desarrollo de su personalidad, el respeto a la ley y a los derechos de los demás.

10. b) El pluralismo político.

11. c) Monarquía parlamentaria.

12. b) Parte orgánica.

13. c) Reside en el pueblo español.

14. c) Limitado por la función social de la misma.

15. b) En el Título Preliminar.

TEST N.º 2

La Administración General del Estado: regulación y estructura

1. ¿Qué rango ostentan los Delegados del Gobierno en las Comunidades Autónomas?

a) Subdirector General.
b) Subsecretario General.
c) Secretario de Estado.
d) Subsecretario.

2. Los Secretarios Generales Técnicos tienen categoría de:

a) Subsecretario.
b) Director General.
c) Secretario de Estado.
d) Jefe de Servicio.

3. El nombramiento de los Delegados del Gobierno en las Comunidades Autónomas es competencia del:

a) Parlamento Autonómico.
b) Presidente del Gobierno.
c) Consejo de Gobierno.
d) Consejo de Ministros.

4. El Jefe Superior de un Departamento Ministerial, después del Ministro, en el supuesto de que no exista un Secretario de Estado, es el:

a) Director General.
b) Subsecretario.
c) Secretario General.
d) Secretario General Técnico.

5. ¿Quién nombra a los Subdelegados del Gobierno?

a) El Delegado del Gobierno.
b) El Ministro para la Transformación Digital y de la Función Pública.
c) El Consejo de Ministros.
d) El Presidente del Gobierno.

6. ¿Qué rango ostentan los Subdelegados del Gobierno?

a) Subdirector General.
b) Secretario General.
c) Secretario General Técnico.
d) Subsecretario.

7. Indica cuál de las siguientes no es una de las competencias de los Secretarios de Estado:

a) Nombrar y separar a los Subdirectores Generales de la Secretaría de Estado.
b) Autorizar las comisiones de servicio con derecho a indemnización por cuantía exacta para los altos cargos dependientes de la Secretaría de Estado.
c) Conceder subvenciones y ayudas con cargo a los créditos de gasto propios de la Secretaría de Estado, con los límites establecidos por el titular del Departamento.
d) Desempeñar la jefatura superior de todo el personal del Departamento.

8. Una vez declarado el estado de excepción no se puede suspender el derecho/ libertad de:

a) Huelga.
b) Enseñanza.
c) Adopción de medidas de conflicto colectivo.
d) Libertad de circulación.

9. Indica cuál de los siguientes no es un órgano directivo de la Administración General del Estado:

a) Los Secretarios Generales Técnicos.
b) Los Secretarios Generales.
c) Los Secretarios de Estado.
d) Los Subsecretarios.

10. Según el artículo 140 de la Ley 40/2015, de 1 de octubre, de Régimen Jurídico del Sector Público, cuando así lo prevé la Constitución y el resto del ordenamiento jurídico, una Administración Pública y, singularmente, la Administración General del Estado, tiene la obligación, para la consecución de un resultado común, de:

a) Garantizar que las distintas Administraciones Públicas puedan relacionarse a través de medios electrónicos.
b) Garantizar la coherencia de las actuaciones de las diferentes Administraciones Públicas afectadas por una misma materia.
c) Evaluar periódicamente la efectividad del principio de eficacia.
d) Participar en órganos consultivos de otras Administraciones Públicas.

11. La mecanización e informatización de los trabajos burocráticos es un exponente del principio de:

a) Legalidad.
b) Eficacia.
c) Descentralización.
d) Jerarquía.

12. La dirección de los órganos inferiores, por parte de los superiores, se suele llevar a efecto a través de:

a) Instrucciones y órdenes de servicio.
b) La resolución de los conflictos entre los mismos.
c) La delegación de competencias entre ellos.
d) Todo lo anterior.

13. Como consecuencia de la delegación de competencias, estas:

a) Se transfieren a órganos superiores.
b) Se ejercen por órganos inferiores, manteniéndose la titularidad de las mismas en el órgano delegante.
c) Dejan de pertenecer a la esfera jurídica del órgano delegante.
d) El órgano al que se delegan puede fiscalizar la actividad del órgano delegante.

14. La revocación de una delegación de competencias:

a) Está prohibida con carácter general.
b) Solo se admite en caso de insuficiencia técnica del órgano al que se han delegado.
c) Puede producirse en cualquier momento.
d) Ha de efectuarse tras sentencia judicial al efecto.

15. Normalmente, la revocación de los actos de los inferiores por el superior jerárquico puede producirse tras la interposición del siguiente recurso o reclamación:

a) De alzada.
b) De revisión.
c) Contencioso-administrativo.
d) Cualquiera de los anteriores.

En MADTEST tienes **más preguntas de este tema**, y todos tus avances quedan registrados y se reflejan en el ranking.

¡Supera tus límites con MADTEST!

Solución al test n.º 2

1. d) Subsecretario.

2. b) Director General.

3. d) Consejo de Ministros.

4. b) Subsecretario.

5. a) El Delegado del Gobierno.

6. a) Subdirector General.

7. d) Desempeñar la jefatura superior de todo el personal del Departamento.

8. b) Enseñanza.

9. c) Los Secretarios de Estado.

10. b) Garantizar la coherencia de las actuaciones de las diferentes Administraciones Públicas afectadas por una misma materia.

11. b) Eficacia.

12. a) Instrucciones y órdenes de servicio.

13. b) Se ejercen por órganos inferiores, manteniéndose la titularidad de las mismas en el órgano delegante.

14. c) Puede producirse en cualquier momento.

15. a) De alzada.

TEST N.º 3

La Administración Local: la provincia, el municipio y otras entidades. La organización territorial de la Comunidad Autónoma de Castilla y León

1. El artículo 137 de la Constitución Española dispone:

a) El Estado se organiza territorialmente en Municipios, en Provincias y en las Comunidades Autónomas que se constituyan.

b) El Estado se organiza territorialmente en Municipios, en Provincias e Islas.

c) El Estado se organiza territorialmente en Municipios, en Provincias y en Comarcas.

d) El Estado se organiza territorialmente en Municipios, en Provincias y en Concejos.

2. De acuerdo con el artículo 141 de la Constitución Española:

a) El gobierno y la administración autónoma de las provincias estarán encomendados a las Diputaciones u otras Corporaciones de carácter representativo.

b) El gobierno y la administración autónoma de las provincias estarán encomendados al Pleno de la Diputación Provincial.

c) El gobierno y la administración autónoma de las provincias estarán encomendados a la Junta de Gobierno de la Diputación Provincial.

d) El gobierno y la administración autónoma de las Provincias estarán encomendados a las Corporaciones de carácter representativo.

3. Uno de los principios fundamentales en relación con el Régimen Local que recoge la Constitución Española es:

a) La autonomía de las Corporaciones Locales en la gestión de sus intereses.

b) El carácter democrático y representativo de sus órganos de gobierno.

c) La suficiencia de las Haciendas Locales.

d) Todas las respuestas anteriores son correctas.

4. ¿Es posible crear agrupaciones de Municipios diferentes de la Provincia?

a) No.

b) En algunos casos.

c) Solo si lo decide el Presidente del Gobierno.

d) Sí.

5. De conformidad con el artículo 140 de la Constitución Española, los concejales serán elegidos por sufragio:

a) Universal por parte de los ciudadanos del municipio.
b) Universal, igual, libre, e indirecto.
c) Universal, igual, libre, directo y secreto.
d) Universal, igual, libre, directo y secreto, en la forma establecida en la ley.

6. Según el artículo 103.1 de la Constitución Española, la Administración Pública sirve con objetividad los intereses generales y actúa de acuerdo con los principios de:

a) Eficacia, jerarquía, descentralización, desconcentración y suficiencia financiera.
b) Descentralización, desconcentración, altruismo y eficacia.
c) Eficacia, jerarquía, descentralización, desconcentración y coordinación.
d) Eficacia, jerarquía, descentralización, desconcentración y gratuidad.

7. El Texto Refundido de la Ley Reguladora de las Haciendas Locales fue aprobado por:

a) Real Decreto Legislativo 2/2014, de 5 de marzo.
b) Real Decreto Legislativo 2/1994, de 5 de marzo.
c) Real Decreto Legislativo 2/2004, de 5 de marzo.
d) Real Decreto Legislativo 2/2004, de 5 de abril.

8. Las elecciones locales se encuentran reguladas en:

a) El Reglamento de Servicios de las Corporaciones Locales, de 17 de junio de 1955.
b) El Texto Refundido de la Ley Reguladora de las Haciendas Locales.
c) La Ley Orgánica 5/1985, de 19 de junio, del Régimen Electoral General.
d) La Ley Orgánica Electoral de 2 de abril de 1986.

9. Según la Constitución española:

a) En los Archipiélagos, las Islas tendrán además su administración propia en forma de Cabildos o Consejos.
b) El gobierno y la administración autónoma de las Provincias estarán encomendados a los Ayuntamientos.
c) La Provincia es circunscripción electoral para la elección de Diputados y Senadores.
d) Las respuestas a) y c) son correctas.

10. El territorio de la Nación española se divide en:

a) 40 Provincias.
b) 54 Provincias.

c) 60 Provincias.
d) 50 Provincias.

11. Son fines propios y específicos de la Provincia:

a) Asegurar la prestación integral y adecuada en la totalidad del territorio provincial de los servicios de competencia regional.
b) Participar en la coordinación de la Comunidad Autónoma y el Estado.
c) Garantizar los principios de solidaridad y equilibrio intermunicipales.
d) Asegurar la prestación integral y adecuada en la totalidad del territorio municipal de los servicios públicos.

12. El Presidente de la Diputación deberá jurar o prometer el cargo ante el Pleno de la misma:

a) Ante la Subdelegación del Gobierno.
b) Ante la Delegación del Gobierno.s
c) Ante el Pleno de la misma.
d) Ante el Consejo de Diputaciones.

13. El mandato del Presidente de la Diputación será:

a) Por cinco años, pero puede ser destituido de su cargo mediante moción de censura o por la pérdida de una cuestión de confianza.
b) Por seis años, pero puede ser destituido de su cargo mediante moción de censura o por la pérdida de una cuestión de confianza.
c) Por cuatro años, pero puede ser destituido de su cargo mediante moción de censura o por la pérdida de una cuestión de confianza.
d) Por cuatro años, pero puede ser destituido de su cargo por votación de la mitad de los diputados provinciales.

14. No es una atribución del Presidente de la Diputación:

a) El planteamiento de conflictos de competencias a otras Entidades locales y demás Administraciones Públicas.
b) El ejercicio de las acciones judiciales y administrativas y la defensa de la Diputación en las materias de su competencia.
c) Representar a la Diputación.
d) Aprobar las bases de las pruebas para la selección del personal.

15. Corresponde al Presidente de la Diputación:

a) El ejercicio de las acciones judiciales y administrativas y la defensa en cualquier materia.
b) El despido del personal laboral.

c) La organización de la Diputación.

d) Ninguna respuesta es correcta.

En MADTEST tienes **más preguntas de este tema**, y todos tus avances quedan registrados y se reflejan en el ranking.

¡Supera tus límites con MADTEST!

Solución al test n.º 3

1. a) El Estado se organiza territorialmente en Municipios, en Provincias y en las Comunidades Autónomas que se constituyan.

2. a) El gobierno y la administración autónoma de las provincias estarán encomendados a las Diputaciones u otras Corporaciones de carácter representativo.

3. d) Todas las respuestas anteriores son correctas.

4. d) Sí.

5. d) Universal, igual, libre, directo y secreto, en la forma establecida en la ley.

6. c) Eficacia, jerarquía, descentralización, desconcentración y coordinación.

7. c) Real Decreto Legislativo 2/2004, de 5 de marzo.

8. c) La Ley Orgánica 5/1985, de 19 de junio, del Régimen Electoral General

9. d) Las respuestas a) y c) son correctas.

10. d) 50 Provincias.

11. c) Garantizar los principios de solidaridad y equilibrio intermunicipales.

12. c) Ante el Pleno de la misma.

13. c) Por cuatro años, pero puede ser destituido de su cargo mediante moción de censura o por la pérdida de una cuestión de confianza.

14. a) El planteamiento de conflictos de competencias a otras Entidades locales y demás Administraciones Públicas.

15. b) El despido del personal laboral.

TEST N.º 4

La Unión Europea. Las Instituciones Europeas: el Consejo Europeo, el Parlamento, la Comisión y el Tribunal de Justicia

1. El Tribunal de Justicia de la Unión Europea comprenderá:

a) El Tribunal de Justicia, el Tribunal General y los tribunales especializados.
b) El Tribunal de Justicia y el Tribunal General.
c) El Tribunal de Justicia, el Tribunal General, los tribunales especializados y el Tribunal de Primera Instancia.
d) El Tribunal de Justicia y los tribunales especializados.

2. ¿Cuál es el órgano ejecutivo de la Unión Europea?

a) El Consejo.
b) El Consejo Europeo.
c) La Comisión.
d) El Presidente de la Comisión.

3. Los miembros de la Comisión son nombrados por:

a) El Parlamento.
b) El Parlamento y el Consejo Europeo de forma conjunta.
c) El Consejo Europeo, por mayoría cualificada.
d) El Consejo, por mayoría cualificada.

4. Señala la respuesta verdadera:

a) El Parlamento Europeo y el Consejo estarán asistidos por un Comité Económico y Social y por un Comité de las Regiones que ejercerán funciones consultivas.
b) El Parlamento Europeo, el Consejo y la Comisión estarán asistidos por un Comité Económico y Social y por un Comité de las Regiones que ejercerán funciones consultivas.
c) El Parlamento Europeo, el Consejo, la Comisión y el Tribunal de Justicia estarán asistidos por un Comité Económico y Social y por un Comité de las Regiones que ejercerán funciones consultivas.
d) Todas las respuestas son falsas.

27

5. El Parlamento Europeo:

a) Estará compuesto por representantes de los ciudadanos de la Unión.
b) La representación de los ciudadanos será decrecientemente proporcional, con un mínimo de seis diputados por Estado miembro.
c) No se asignará a ningún Estado miembro más de noventa y seis escaños.
d) Todas las respuestas son verdaderas.

6. Los Diputados al Parlamento Europeo serán elegidos para un mandato de:

a) Cuatro años.
b) Seis años.
c) Cinco años.
d) Todas son falsas.

7. El presupuesto anual de la UE es decidido (aprobado):

a) Conjuntamente por el Consejo y el Parlamento, por un procedimiento especial.
b) Por el Parlamento.
c) Por la Comisión.
d) Por la Comisión y el Parlamento, por un procedimiento ordinario.

8. La Mesa del Parlamento tiene los siguientes Vicepresidentes:

a) 14.
b) 15.
c) 16.
d) 5.

9. La Comisión se designa para un periodo de:

a) 5 años.
b) 6 años.
c) 4 años.
d) El que determine el Parlamento.

10. La sede de la Comisión está en:

a) Estrasburgo.
b) Bruselas.
c) Luxemburgo.
d) París.

11. El mandato de los miembros de la Comisión será:

a) Renovable por una sola vez.
b) Renovable.

c) No será renovable.
d) Renovable cuando así lo determine el Parlamento.

12. Los acuerdos de la Comisión se adoptarán:

a) Por unanimidad.
b) Por mayoría cualificada.
c) Por 2/3 partes.
d) Por mayoría del número de miembros.

13. El Tribunal de Justicia de la Unión Europea tendrá su sede en:

a) Luxemburgo.
b) Bruselas.
c) Frankfurt.
d) La Haya.

14. El Presidente de la Comisión:

a) Definirá las orientaciones con arreglo a las cuales la Comisión desempeñará sus funciones.
b) Determinará la organización interna de la Comisión velando por la coherencia, eficacia y colegialidad de su actuación.
c) Nombrará Vicepresidentes, distintos del Alto Representante de la Unión para Asuntos Exteriores y Política de Seguridad, de entre los miembros de la Comisión.
d) Todas las respuestas son verdaderas.

15. Respecto a las elecciones al Parlamento Europeo, en España se ha optado porque:

a) La circunscripción electoral sea única para todo el territorio nacional.
b) La circunscripción electoral sea por Comunidades Autónomas.
c) La circunscripción electoral sea por provincias.
d) Todas las respuestas son falsas.

En MADTEST tienes **más preguntas de este tema**, y todos tus avances quedan registrados y se reflejan en el ranking.

¡Supera tus límites con MADTEST!

Solución al test n.º 4

1. a) El Tribunal de Justicia, el Tribunal General y los tribunales especializados.

2. c) La Comisión.

3. c) El Consejo Europeo, por mayoría cualificada.

4. b) El Parlamento Europeo, el Consejo y la Comisión estarán asistidos por un Comité Económico y Social y por un Comité de las Regiones que ejercerán funciones consultivas.

5. d) Todas las respuestas son verdaderas.

6. c) Cinco años.

7. a) Conjuntamente por el Consejo y el Parlamento, por un procedimiento especial.

8 a) 14.

9. a) 5 años.

10. b) Bruselas.

11. b) Renovable.

12. d) Por mayoría del número de miembros.

13. a) Luxemburgo.

14. d) Todas las respuestas son verdaderas.

15. a) La circunscripción electoral sea única para todo el territorio nacional.

TEST N.º 5

El Estatuto de Autonomía de Castilla y León

1. El Estatuto de Autonomía de Castilla y León se aprobó por:

a) La LO 4/1985.
b) La LO 4/1983.
c) La LO 5/1983.
d) La LO 5/1985.

2. El número de artículos del Estatuto es:

a) 50.
b) 91.
c) 43.
d) 51.

3. Los derechos y libertades de los ciudadanos de Castilla y León serán:

a) Los que se establezcan en Tratados Internacionales sobre Derechos Humanos ratificados por España.
b) Los que se establezcan en el Estatuto de Autonomía.
c) Los establecidos por la Constitución.
d) Todas son correctas.

4. El respeto a la lengua gallega:

a) Se recoge en la redacción inicial del Estatuto.
b) Se introdujo por la LO 4/99 de reforma del Estatuto.
c) No se recoge en el Estatuto de Castilla y León.
d) Se establecerá en una Ley.

5. Es un símbolo de la Comunidad Autónoma de Castilla y León:

a) El emblema o blasón.
b) El pendón.

c) El himno, que se establecerá mediante ley.
d) Todas son correctas.

6. La provincia de Segovia:

a) Forma parte desde el principio de la Comunidad Autónoma.
b) Cuenta con un régimen especial de autonomía.
c) No forma parte de la Comunidad de Castilla y León.
d) Se incorporó a la Comunidad Autónoma con la Ley Orgánica 5/1983.

7. Los miembros de las Cortes de Castilla y León se denominan:

a) Procuradores.
b) Diputados.
c) Parlamentarios.
d) Consejeros.

8. La circunscripción electoral en las elecciones a miembros de las Cortes de Castilla y León es:

a) El partido judicial.
b) La provincia.
c) El municipio.
d) Toda la Comunidad Autónoma.

9. El número mínimo de Procuradores que corresponde a cada circunscripción electoral es de:

a) 5.
b) 4.
c) 2.
d) 3.

10. No es un órgano de las Cortes:

a) La Mesa.
b) El Presidente de la Junta.
c) La Diputación Permanente.
d) El Presidente de las Cortes.

11. La convocatoria de sesiones extraordinarias puede hacerse:

a) Por el Presidente de las Cortes.
b) Por el Presidente de la Junta.
c) Por la Mesa de las Cortes.
d) Por el Procurador del Común.

12. La designación del Procurador del Común corresponde:

a) A la Junta.
b) Al Presidente de la Junta.
c) Al Presidente de las Cortes.
d) A las Cortes.

13. No es competencia de las Cortes de Castilla y León:

a) Ejercitar la potestad legislativa.
b) Ejercer el gobierno de la Comunidad.
c) Controlar la acción política y de gobierno de la Junta y de su Presidente.
d) Interponer recursos de inconstitucionalidad.

14. La entrada en vigor de las leyes de Castilla y León se rige:

a) Por la fecha de su aprobación por las Cortes.
b) Por la fecha de su publicación en el BOE.
c) Por la fecha de su aprobación en el Boletín Oficial de Castilla y León.
d) Por la fecha de su promulgación por el Presidente de las Cortes.

15. El nombramiento del Presidente de la Junta corresponde:

a) Al Presidente de las Cortes.
b) A las Cortes.
c) A los consejeros.
d) Al Rey.

En MADTEST tienes **más preguntas de este tema**, y todos tus avances quedan registrados y se reflejan en el ranking.

¡Supera tus límites con MADTEST!

33

Solución al test n.º 5

1. b) La LO 4/1983.

2. b) 91.

3. d) Todas son correctas.

4. b) Se introdujo por la LO 4/99 de reforma del Estatuto.

5. d) Todas son correctas.

6. d) Se incorporó a la Comunidad Autónoma con la Ley Orgánica 5/1983.

7. a) Procuradores.

8. b) La provincia.

9. d) 3.

10. b) El Presidente de la Junta.

11. a) Por el Presidente de las Cortes.

12. d) A las Cortes.

13. b) Ejercer el gobierno de la Comunidad.

14. c) Por la fecha de su publicación en el Boletín Oficial de Castilla y León.

15. d) Al Rey.

TEST N.º 6

Las Cortes de Castilla y León

1. El Reglamento de las Cortes de Castilla y León es de fecha:

a) Ese reglamento no existe.
b) 24 de febrero de 1990.
c) 5 de marzo de 1990.
d) 24 de febrero de 1984.

2. La constitución de las Cortes será comunicada por su Presidente:

a) Al Rey.
b) Al Senado.
c) Al Gobierno.
d) A todos los anteriores y además a la Junta, en funciones, de Castilla y León.

3. En la elección a las Cortes de Castilla y León, la circunscripción electoral es:

a) El Municipio.
b) La Provincia.
c) Toda la Comunidad Autónoma.
d) No existe la circunscripción electoral.

4. El supuesto de la disolución anticipada de la Cortes se contempla:

a) En la Ley electoral.
b) En el Reglamento de las Cortes, en exclusiva.
c) En el Estatuto de Autonomía.
d) En ninguna de esas normas.

5. Son derechos de los Procuradores:

a) Ostentar el tratamiento de ilustrísimos.
b) Asistir con voz y voto a las Comisiones, incluso si no forman parte de ellas.

c) Ser sustituidos ante ausencias, incluso no eventuales, por otro miembro de su Grupo.
d) Todas son falsas.

6. Son deberes de los Procuradores:

a) Asistir a las reuniones de las Comisiones de las que formen parte.
b) Abstenerse de hacer uso de su condición de parlamentario para actividades mercantiles.
c) Hacer declaración notarial de sus bienes.
d) Todas son ciertas.

7. La Mesa de las Cortes de Castilla y León se compone de:

a) Presidente, dos Vicepresidentes y un Secretario.
b) Presidente, Vicepresidente y Secretario.
c) Presidente, dos Vicepresidentes y Secretario.
d) Presidente, dos Vicepresidentes y tres Secretarios.

8. ¿Quién fija el calendario de actividades del Pleno de las Cortes?

a) El mismo Pleno, reunido al efecto.
b) La Junta de Portavoces.
c) La Mesa.
d) El Presidente de la Cámara, oída la Diputación Permanente.

9. ¿Quién fija el orden del día de los Plenos?

a) El mismo Pleno, reunido al efecto.
b) La Junta de Portavoces.
c) La Mesa.
d) El Presidente de la Cámara, oída la Diputación Permanente.

10. ¿Quién ordena los pagos en las Cortes de Castilla y León?

a) El mismo Pleno, reunido al efecto.
b) La Junta de Portavoces.
c) La Mesa.
d) El Presidente.

11. Los Procuradores tendrán derecho a formar parte, al menos:

a) De una Comisión.
b) De dos Comisiones.
c) De todas las Comisiones que se constituyan.
d) Todas son falsas.

12. Es falsa la siguiente afirmación:

a) Ningún Procurador que sea miembro de la Junta de Castilla y León podrá serlo de la Diputación Permanente.

b) Será aplicable a las sesiones de la Diputación Permanente y a su funcionamiento lo establecido para el Pleno.

c) En período de vacaciones parlamentarias, la Diputación Permanente podrá solicitar la convocatoria de las Cortes, y el Presidente las convocará, si así lo acuerda la mayoría simple de sus miembros.

d) En la Diputación Permanente cada Grupo Parlamentario designará el número de Procuradores que le corresponda y otros tantos en concepto de suplentes.

13. La condición de Procurador no adscrito producirá los siguientes efectos:

a) Pérdida del puesto que el Procurador ocupaba en las Comisiones y, en su caso, en la Diputación Permanente representando a su Grupo de origen.

b) Remoción automática de los cargos electivos que tuviera en los órganos de la Cámara.

c) La Mesa de la Cámara asignará a cada uno de los Procuradores no adscritos los medios materiales que considere adecuados para el cumplimiento de sus funciones.

d) Todas son correctas.

14. Los miembros de la Junta de Castilla y León podrán asistir con voz a las Comisiones:

a) Siempre.

b) Salvo que las sesiones tengan carácter secreto.

c) Pueden asistir con voz y voto.

d) Todas son correctas.

15. Las Comisiones serán convocadas por su Presidente de acuerdo con el de las Cortes por iniciativa propia o a petición de dos Grupos Parlamentarios o del siguiente porcentaje de los miembros de la Comisión.

a) 1/5.

b) 2/3.

c) Mayoría simple.

d) Mayoría absoluta.

En MADTEST tienes **más preguntas de este tema**, y todos tus avances quedan registrados y se reflejan en el ranking.

¡Supera tus límites con MADTEST!

37

Solución al test n.º 6

1. b) 24 de febrero de 1990.

2. d) A todos los anteriores y además a la Junta, en funciones, de Castilla y León.

3. b) La Provincia.

4. c) En el Estatuto de Autonomía.

5. d) Todas son falsas.

6. d) Todas son ciertas.

7. d) Presidente, dos Vicepresidentes y tres Secretarios.

8. c) La Mesa.

9. b) La Junta de Portavoces.

10. d) El Presidente.

11. a) De una Comisión.

12. c) En período de vacaciones parlamentarias, la Diputación Permanente podrá solicitar la convocatoria de las Cortes, y el Presidente las convocará, si así lo acuerda la mayoría simple de sus miembros.

13. d) Todas son correctas

14. b) Salvo que las sesiones tengan carácter secreto.

15. a) 1/5.

TEST N.º 7

Instituciones propias de la Comunidad de Castilla y León: Procurador del Común, Consejo Consultivo, Consejo de Cuentas y Consejo Económico y Social

1. El Procurador del Común:

a) Depende directamente de las Cortes de Castilla y León.
b) No está sujeto a mandato imperativo alguno.
c) Está asistido de un Adjunto.
d) Todas son ciertas.

2. El cargo de Procurador del Común de Castilla y León es incompatible con:

a) La afiliación o el ejercicio de funciones directivas o ejecutivas en los partidos políticos, sindicatos o asociaciones empresariales.
b) El ejercicio de la Carrera Judicial, pero no la Fiscal.
c) El ejercicio de funciones asesoras eventuales para Colegios Profesionales.
d) Ninguna es cierta.

3. Puede presentar una queja al Procurador del Común:

a) Un menor de edad.
b) Un preso durante el cumplimiento de su condena.
c) Un extranjero residente en Castilla y León.
d) Todas son ciertas.

4. El Procurador del Común es elegido por las Cortes de Castilla y León:

a) Para un período de cinco años.
b) Para un período de cuatro años.
c) Para un período de seis años.
d) Para un período de dos años.

5. No es correcta la siguiente afirmación relativa al Procurador del Común:

a) Solamente podrá ser reelegido para un segundo mandato.
b) Se relacionará con las Cortes Regionales mediante una Comisión constituida con esta finalidad.

c) Anualmente, presentará un informe a las Cortes sobre su actuación.

d) El Procurador del Común de Castilla y León cooperará con el Tribunal de Cuentas y coordinará con él sus funciones.

6. Podrá ser elegido Procurador del Común cualquier persona que reúna las siguientes condiciones:

a) Ser mayor de edad y estar en pleno uso de los derechos civiles y políticos.

b) Tener la nacionalidad española.

c) Gozar de la condición política de castellano-leonés.

d) La a) y la c) son correctas.

7. No es causa de cese del Procurador del Común:

a) El transcurso del tiempo para el que fue elegido.

b) La pérdida de la condición política de castellano-leonés.

c) La inhabilitación para el ejercicio de los derechos políticos declarada por resolución administrativa expresa.

d) La negligencia notoria en el cumplimiento de las obligaciones y deberes del cargo.

8. No podrán presentarse quejas ante el Procurador del común cuando, desde que el afectado tuvo conocimiento de la conducta o de los hechos susceptibles de motivar una queja, hubiere transcurrido el plazo de:

a) Dos meses.

b) Tres meses.

c) Un año.

d) No estará sometido a plazo alguno.

9. El inicio de las actuaciones, cuando se producen de oficio, estará sometido al siguiente plazo:

a) Dos meses.

b) Tres meses.

c) Un año.

d) No estará sometido a plazo alguno.

10. ¿Qué artículo del Estatuto de Autonomía se refiere al Consejo Consultivo?

a) El art. 33.

b) El art. 23.

c) El art. 43.

d) Todas son falsas.

11. La consulta al Consejo Consultivo será:

a) Siempre preceptiva.

b) Siempre facultativa.

c) Preceptiva cuando así se establezca en las leyes, y facultativa en los demás casos.

d) Preceptiva cuando así se establezca en el Estatuto, y facultativa en los demás casos.

12. El Consejo Consultivo está compuesto por Consejeros electivos y natos. El número de Consejeros electivos será:

a) Tres.

b) Cinco.

c) Cuatro.

d) Seis.

13. Los candidatos para Consejeros electivos se entenderán designados si alcanzan el voto favorable:

a) De la mayoría absoluta de la Cámara.

b) De la mayoría simple de la Cámara.

c) De los tres quintos de la Cámara en primera votación o de la mayoría absoluta en segunda votación, si fuere necesaria.

d) De los dos tercios de la Cámara en primera votación o de la mayoría absoluta en segunda votación, si fuere necesaria.

14. Los acuerdos del Consejo Consultivo se adoptarán:

a) Por mayoría simple de votos de los asistentes.

b) Por mayoría absoluta de votos de los asistentes.

c) Por mayoría simple de votos de sus miembros.

d) Por mayoría absoluta de votos de sus miembros.

15. La Ley reguladora del Consejo de Cuentas de Castilla y León es:

a) La Ley 2/2002, de 9 de abril.

b) La Ley 12/2002, de 9 de abril.

c) La Ley 9/2002, de 9 de abril.

d) La Ley 9/2002, de 2 de abril.

En MADTEST tienes **más preguntas de este tema**, y todos tus avances quedan registrados y se reflejan en el ranking.

¡Supera tus límites con MADTEST!

41

Solución al test n.º 7

1. d) Todas son ciertas.

2. a) La afiliación o el ejercicio de funciones directivas o ejecutivas en los partidos políticos, sindicatos o asociaciones empresariales.

3. d) Todas son ciertas.

4. b) Para un período de cuatro años.

5. d) El Procurador del Común de Castilla y León cooperará con el Tribunal de Cuentas y coordinará con él sus funciones.

6. d) La a) y la c) son correctas.

7. c) La inhabilitación para el ejercicio de los derechos políticos declarada por resolución administrativa expresa.

8. c) Un año.

9. d) No estará sometido a plazo alguno.

10. a) El art. 33.

11. c) Preceptiva cuando así se establezca en las leyes, y facultativa en los demás casos.

12. a) Tres.

13. c) De los tres quintos de la Cámara en primera votación o de la mayoría absoluta en segunda votación, si fuere necesaria.

14. b) Por mayoría absoluta de votos de los asistentes.

15. a) La Ley 2/2002, de 9 de abril.

TEST N.º 8

El Gobierno de la Comunidad de Castilla y León: El Presidente de la Junta de Castilla y León, la Junta de Castilla y León y los Consejeros

1. El régimen jurídico del Gobierno y de la Administración de Castilla y León se recoge en:

a) La Ley 6/1990.
b) El Real Decreto Legislativo 1/1990.
c) El Real Decreto Legislativo 1/1988.
d) La Ley 3/2001.

2. La dirección de la Administración de la Comunidad corresponde a:

a) La Junta.
b) El Presidente de la Junta.
c) El Consejo titular de cada Consejería.
d) Todas son falsas.

3. No es una función de la Junta de Castilla y León:

a) Ejercer la iniciativa legislativa.
b) Aprobar normas legislativas.
c) Desempeñar la función ejecutiva.
d) Aprobar reglamentos.

4. No son miembros de la Junta:

a) Los Consejeros.
b) Los Directores Generales.
c) Los Vicepresidentes.
d) El Presidente.

5. El número de Vicepresidentes será de:

a) Uno.
b) Dos.

c) Uno o varios.
d) Ninguno.

6. La estructura orgánica de las Consejerías se determinará:

a) Por Ley.
b) Por la Junta.
c) Por cada Consejero.
d) Por la Consejería de Presidencia.

7. No es una atribución de la Junta de Castilla y León:

a) Aprobar los anteproyectos de ley.
b) Desarrollar sus propios presupuestos.
c) Resolver en vía administrativa.
d) Asumir las competencias transferidas.

8. La convocatoria del Consejo de Gobierno corresponde:

a) Al Secretario.
b) Al Presidente.
c) Al Vicepresidente.
d) A cualquiera de ellos.

9. Para que se considere válidamente constituida, se requiere que asistan:

a) Todos los Consejeros.
b) El Presidente y 2/3 de los Consejeros.
c) El Presidente a su sustituto, y al menos la mitad de los Consejeros.
d) El Presidente y los Vicepresidentes.

10. El secreto de las deliberaciones:

a) Solo alcanza al Presidente.
b) Obliga a todos los miembros del Consejo de Gobierno.
c) Las deliberaciones no son secretas.
d) Se da para los casos recogidos en una Ley.

11. Los acuerdos del Consejo de Gobierno:

a) Se publicarán en el Boletín Oficial de Castilla y León.
b) Constarán en Acta.
c) Se adoptarán por mayoría de 2/3 de los miembros presentes.
d) Todas son correctas.

12. En caso de ausencia del Secretario del Consejo de Gobierno, será sustituido:

a) Por el Vicepresidente.
b) Por el Consejero más joven.
c) Por el Consejero de más edad.
d) No puede ser sustituido.

13. Actualmente, el número de Vicepresidentes de la Junta de Castilla y León es de:

a) 1.
b) Ninguno.
c) 2.
d) 3.

14. El portavoz de la Junta:

a) Deberá ser su secretario.
b) Tiene que ser miembro de la Junta.
c) Puede no ser miembro de la Junta.
d) Lo nombrará el Vicepresidente 1.º

15. La preparación de las reuniones de la Junta corresponde:

a) Al Secretario de la Junta.
b) A la Comisión de Secretarios Generales de las Consejerías.
c) A las Consejerías.
d) Al Portavoz.

En MADTEST tienes **más preguntas de este tema**, y todos tus avances quedan registrados y se reflejan en el ranking.

¡Supera tus límites con MADTEST!

Solución al test n.º 8

1. d) La Ley 3/2001.

2. a) La Junta.

3. b) Aprobar normas legislativas.

4. b) Los Directores Generales.

5. c) Uno o varios.

6. b) Por la Junta.

7. a) Aprobar los anteproyectos de ley.

8. b) Al Presidente.

9. c) El Presidente o su sustituto, y al menos la mitad de los Consejeros.

10. b) Obliga a todos los miembros de la Junta.

11. b) Constarán en Acta.

12. b) Por el Consejero más joven.

13. a) 1.

14. c) Puede no ser miembro de la Junta.

15. b) A la Comisión de Secretarios Generales de las Consejerías.

TEST N.º 9

La Administración de la Comunidad de Castilla y León. Principios de organización y funcionamiento. Órganos Centrales y Periféricos

1. En sus relaciones con otras Administraciones la Administración de la Comunidad actúa de acuerdo con los principios de:

a) Agilidad en los procedimientos administrativos y en las actividades materiales de gestión.
b) Coordinación y cooperación, respeto pleno de sus competencias, subsidiariedad y ponderación de la totalidad de los intereses públicos implicados en sus decisiones.
c) Objetividad y transparencia en la actuación administrativa.
d) Simplicidad, claridad y proximidad.

2. En su funcionamiento la Administración de la Comunidad de Castilla y León se atiene a:

a) La eficacia en el cumplimiento de sus objetivos.
b) La eficiencia en el uso de los recursos.
c) La responsabilidad por la gestión, racionalización de sus procedimientos y actuaciones, y economía de los medios.
d) Todas son correctas.

3. La Administración General de la Comunidad Autónoma actúa para el cumplimiento de sus fines con personalidad jurídica única, bajo la dirección de:

a) El Presidente de la Junta de Castilla y León.
b) La Junta de Castilla y León.
c) Las Cortes de Castilla y León.
d) El gobierno de la nación.

4. De acuerdo con el Estatuto de Autonomía de Castilla y León, la Administración General de la Comunidad Autónoma, tiene en el ejercicio de sus competencias:

a) Las mismas potestades que la Administración del Estado.
b) Las mismas prerrogativas que la Administración del Estado.

c) Los mismos privilegios que la Administración del Estado.
d) Todas son correctas.

5. Tendrá carácter potestativo:

a) La existencia de Viceconsejerías.
b) La existencia de la Secretaría General.
c) El número de Viceconsejerías.
d) a y c son correctas.

6. Las competencias de los distintos órganos directivos centrales se determinarán:

a) Por la Ley.
b) Por los decretos de estructura orgánica.
c) Por las correspondientes órdenes de desarrollo.
d) Todas son falsas.

7. Por su parte, las funciones de los órganos y unidades administrativas en que se organicen los distintos órganos directivos centrales se determinarán:

a) Por la Ley.
b) Por los decretos de estructura orgánica.
c) Por las correspondientes órdenes de desarrollo.
d) Todas son falsas.

8. La jefatura superior de todo el personal de la Consejería es competencia de:

a) El Secretario General.
b) El Director General más antiguo en el desempeño de su cargo.
c) El Coordinador de Servicios.
d) El Delegado Territorial.

9. No es competencia del Secretario General:

a) Elaborar los programas de actuación específicos de cada Dirección General.
b) Elaborar el anteproyecto del presupuesto correspondiente a la Consejería y desarrollar el control presupuestario.
c) Informar y tramitar los anteproyectos de ley y proyectos de disposiciones administrativas de carácter general de la Consejería.
d) Informar los proyectos de disposiciones administrativas de carácter general de otras Consejerías.

10. No es una función de los directores generales:

a) Actuar como órgano de comunicación con las demás Consejerías.
b) Vigilar y fiscalizar las dependencias a su cargo.

c) Dirigir los servicios a su cargo.

d) Proponer resoluciones al consejero.

11. Cada Delegación Territorial se estructurará:

a) En una Secretaría Territorial.

b) En los Servicios Territoriales que sean necesarios para el desempeño de las correspondientes funciones.

c) En una Secretaría Territorial y en los Servicios Territoriales que sean necesarios para el desempeño de las correspondientes funciones.

d) En Servicios, Sección y Negociados.

12. La Secretaría Territorial dependerá orgánicamente:

a) De la Consejería que tenga atribuidas las funciones de gestión administrativa de las Delegaciones Territoriales.

b) Del Delegado Territorial.

c) De la Consejería de Presidencia.

d) De la Consejería de Industria, Comercio y Empleo.

13. La coordinación de la acción política de la Junta en la Provincia corresponde:

a) Al Delegado Territorial.

b) Al Consejero de la Presidencia.

c) A la propia la Junta.

d) A los Servicios Territoriales.

14. El número de Delegaciones Territoriales es:

a) 9, una en cada provincia.

b) 8, una por provincia, salvo en Valladolid.

c) Una por cada Consejería.

d) Su número es variable.

15. Las Delegaciones Territoriales se ubican:

a) En Valladolid.

b) En las capitales de provincia.

c) Donde se determine por Decreto.

d) En las poblaciones con mayor número de habitantes.

En MADTEST tienes **más preguntas de este tema**, y todos tus avances quedan registrados y se reflejan en el ranking.

¡Supera tus límites con MADTEST!

Solución al test n.º 9

1. b) Coordinación y cooperación, respeto pleno de sus competencias, subsidiariedad y ponderación de la totalidad de los intereses públicos implicados en sus decisiones.

2. d) Todas son correctas.

3. b) La Junta de Castilla y León.

4. d) Todas son correctas.

5. d) a y c son correctas.

6. b) Por los decretos de estructura orgánica.

7. c) Por las correspondientes órdenes de desarrollo.

8. a) El Secretario General.

9. a) Elaborar los programas de actuación específicos de cada Dirección General.

10. a) Actuar como órgano de comunicación con las demás Consejerías.

11. c) En una Secretaría Territorial y en los Servicios Territoriales que sean necesarios para el desempeño de las correspondientes funciones.

12. a) De la Consejería que tenga atribuidas las funciones de gestión administrativa de las Delegaciones Territoriales.

13. a) Al Delegado Territorial.

14. a) 9, una en cada provincia.

15. b) En las capitales de provincia.

TEST N.º 10

El sector público de la Comunidad de Castilla y León. Administración Institucional y Empresas Públicas

1. El desarrollo de la administración institucional en España se produce debido:

a) A la convergencia con el ordenamiento jurídico europeo.
b) A la mayor cercanía de la administración al ciudadano.
c) Al proceso de descentralización funcional de la administración.
d) A la simplificación de los procedimientos administrativos.

2. En un sentido amplio, la administración institucional es aquel sector de la administración pública integrado por:

a) Entes públicos menores de carácter no territorial.
b) Entes públicos menores de carácter territorial.
c) Entes públicos menores de carácter social.
d) Entes públicos finalistas sin personalidad jurídica.

3. ¿Cuál de los siguientes no es un motivo que impulse la creación de entidades integrantes del sector público?

a) Garantizar las libertades sustrayendo a un grupo de servicios de la influencia directa del gobierno de turno.
b) La búsqueda de la eficacia en la gestión de ciertos servicios.
c) Proporcionar a la iniciativa privada una mayor participación pública.
d) Impulsar el desarrollo de servicios especializados.

4. ¿Cuál de las siguientes no forma parte del sector público institucional autonómico?

a) La Administración General de la Comunidad.
b) Las empresas públicas de la Comunidad.
c) Las fundaciones públicas de la Comunidad.
d) Los consorcios adscritos a la Comunidad.

5. ¿Quién ejerce el control interno de la gestión económico-financiera del sector público autonómico?

a) El Consejo de Cuentas.
b) La Consejería de Hacienda.
c) La Intervención General de la Administración de la Comunidad.
d) Las Cortes de Castilla y León.

6. Las entidades integrantes del sector público de la Comunidad deben rendir cuentas de sus respectivas operaciones, cualquiera que sea su naturaleza:

a) Al Consejo de Cuentas de Castilla y León.
b) Al Procurador del Común.
c) Al Tribunal de Cuentas.
d) Tanto al Consejo de Cuentas de Castilla y León como al Tribunal de Cuentas.

7. Las cuentas de las entidades integrantes del sector público de la Comunidad, están sometidas al control de:

a) La Consejería de Hacienda.
b) La Consejería de Presidencia.
c) El Tribunal Superior de Justicia de Castilla y León.
d) Las Cortes de Castilla y León.

8. La contabilidad de las entidades del sector público de la Comunidad tiene por objeto mostrar, a través de documentos, cuentas, estados e informes:

a) La imagen fiel del patrimonio de cada entidad.
b) La imagen fiel de la situación financiera y de la ejecución del presupuesto de cada entidad.
c) La imagen fiel del coste de los servicios y de los resultados de cada entidad.
d) Todas son correctas.

9. La contabilidad del sector público autonómico, debe permitir el cumplimiento, entre otros, de los siguientes fines:

a) Ser instrumento de negociación con las organizaciones sociales.
b) Facilitar información para la determinación del coste y, en su caso, rendimiento de los servicios.
c) La información a las organizaciones sindicales.
d) La reducción de plazos en la tramitación presupuestaria.

10. La creación de las entidades institucionales y empresas públicas se efectuará:

a) Por Resolución Administrativa.
b) Por Orden.

c) Por Decreto.
d) Por Ley.

11. Para la creación de entidades institucionales deberá acompañarse:

a) Un proyecto de presupuestos.
b) Una propuesta de estatutos.
c) El plan inicial de actuación de la entidad.
d) Todas son correctas.

12. ¿Quién aprueba el Plan Inicial de Actuación?

a) El titular de la Consejería a que esté adscrita la entidad.
b) El Patronato.
c) La Junta de Castilla y León.
d) El presidente de la entidad.

13. Antes de ser aprobado ¿Qué informes favorables necesita?

a) Ninguno.
b) El de las Consejerías competentes.
c) El de la Intervención General.
d) El de la Inspección General de Servicios.

14. Cuando las disposiciones sobre la extinción no regularen la liquidación de la entidad o empresa, ¿cómo se llevará a cabo la misma?

a) Por Decreto de la Junta de Castilla y León.
b) Por Ley de las Cortes de Castilla y León.
c) Por acuerdo del Patronato.
d) Por cancelación registral de la entidad o empresa.

15. Para llevar a cabo la liquidación se requiere propuesta de:

a) El Tesoro de la Comunidad Autónoma.
b) La Caja General de Depósitos.
c) De la Consejería de Hacienda y a iniciativa de la Consejería a que esté adscrita.
d) De la Intervención General.

En MADTEST tienes **más preguntas de este tema**, y todos tus avances quedan registrados y se reflejan en el ranking.

¡Supera tus límites con MADTEST!

Solución al test n.º 10

1. c) Al proceso de descentralización funcional de la administración.

2. a) Entes públicos menores de carácter no territorial.

3. c) Proporcionar a la iniciativa privada una mayor participación pública.

4. a) La Administración General de la Comunidad.

5. c) La Intervención General de la Administración de la Comunidad.

6. d) Tanto al Consejo de Cuentas de Castilla y León como al Tribunal de Cuentas.

7. d) Las Cortes de Castilla y León.

8. d) Todas son correctas.

9. b) Facilitar información para la determinación del coste y, en su caso, rendimiento de los servicios.

10. d) Por Ley.

11. d) Todas son correctas.

12. a) El titular de la Consejería a que esté adscrita la entidad.

13. b) El de las Consejerías competentes.

14. a) Por Decreto de la Junta de Castilla y León.

15. c) De la Consejería de Hacienda y a iniciativa de la Consejería a que esté adscrita.

Derecho y Régimen Jurídico de las Administraciones Públicas

GRUPO II

TEST N.º 1

Las fuentes del Derecho Administrativo: la jerarquía de las fuentes. La Constitución. La ley. Los Estatutos de Autonomía y las Leyes de las Comunidades Autónomas. Disposiciones normativas del ejecutivo estatal y autonómico con fuerza de ley. El reglamento

1. Señala cuál de las siguientes es una fuente indirecta de nuestro Derecho Administrativo:

a) Los Reglamentos.
b) La Jurisprudencia.
c) Los Principios Generales del Derecho.
d) La Costumbre.

2. ¿Qué tipo de fuente del Derecho Administrativo son los Reglamentos del Presidente del Gobierno?

a) Directa.
b) Indirecta.
c) Directa subsidiaria.
d) No son fuente de nuestro Derecho Administrativo.

3. ¿A quién atribuye la Constitución Española la titularidad de la potestad legislativa?

a) Únicamente al Estado.
b) A las Cortes Generales exclusivamente.
c) Al Estado y las Comunidades Autónomas.
d) Al Estado, a las Comunidades Autónomas y a las Corporaciones Locales.

4. ¿A quién atribuye el art. 91 de la Carta Magna la potestad para ordenar la inmediata publicación de las leyes aprobadas por las Cortes Generales?

a) Al Rey.
b) Al Presidente del Gobierno.
c) Al Presidente del Congreso de los Diputados.
d) Al Presidente de la Mesa de la Cámara Baja.

5. ¿Cómo se denominan las leyes por las que las Cortes Generales, en materia de competencia estatal, pueden atribuir a todas o a alguna de las Comunidades Autónomas la facultad de dictar, para sí mismas, normas legislativas en el marco de los principios, bases y directrices fijados por una ley estatal?

a) Leyes orgánicas.
b) Leyes ordinarias.
c) Leyes marco.
d) Leyes de armonización.

6. ¿En qué plazo sancionará el Rey las leyes aprobadas por las Cortes Generales?

a) Un mes.
b) Veinte días.
c) Quince días.
d) Diez días.

7. ¿Qué órgano de los siguientes promulga las leyes?

a) El Rey.
b) El Presidente del Gobierno.
c) Las Cortes Generales.
d) El Presidente del Congreso.

8. ¿Qué son los decretos legislativos?

a) Disposiciones del Gobierno sobre derechos y deberes fundamentales.
b) Disposiciones de las Cortes que contienen delegación legislativa.
c) Disposiciones del Poder Judicial que contienen delegación legislativa.
d) Disposiciones del Gobierno que contienen legislación delegada.

9. En caso de extraordinaria y urgente necesidad, ¿qué disposición legislativa provisional podrá dictar el Gobierno?

a) Decreto legislativo.
b) Ley de bases.
c) Ley orgánica.
d) Decreto ley.

10. Los decretos leyes deberán de ser inmediatamente sometidos a debate y votación de totalidad:

a) Al Senado.
b) Al Gobierno.
c) Al Congreso de los Diputados.
d) Todas las anteriores son correctas.

11. Cuando las Asambleas de las Comunidades Autónomas remitan a la Mesa del Congreso una proposición de ley, delegarán ante dicha cámara para su defensa:

a) Un máximo de 2 miembros de la Asamblea.
b) Un máximo de 3 miembros de la Asamblea.
c) Un máximo de 4 miembros de la Asamblea.
d) Un máximo de 5 miembros de la Asamblea.

12. ¿Qué ley regulará las formas de ejercicio y requisitos de la iniciativa popular para la presentación de las proposiciones de ley?

a) Una ley de bases.
b) Una ley ordinaria.
c) Una ley orgánica.
d) Todas son correctas.

13. En caso de iniciativa legislativa popular, el número de firmas necesarias será de:

a) 250.000 firmas acreditadas.
b) 500.000 firmas acreditadas.
c) 1.000.000 firmas acreditadas.
d) 1.250.000 firmas acreditadas.

14. No procederá la iniciativa legislativa popular en materias:

a) Propias de ley orgánica.
b) Tributarias o internacionales.
c) En lo relativo a la prerrogativa de gracia.
d) Todas las anteriores son correctas.

15. ¿De qué plazo dispone el Senado para, mediante mensaje motivado, oponer su veto o introducir enmiendas a un proyecto de ley ordinaria u orgánica?

a) Veinte días, a partir del día de la recepción del texto.
b) Un mes, a partir del día de la recepción del texto.
c) Dos meses, a partir del día de la recepción del texto.
d) Tres meses, a partir del día de la recepción del texto.

En MADTEST tienes **más preguntas de este tema**, y todos tus avances quedan registrados y se reflejan en el ranking.

¡Supera tus límites con MADTEST!

Solución al test n.º 1

1. b) La Jurisprudencia

2. a) Directa

3. c) Al Estado y las Comunidades Autónomas.

4. a) Al Rey.

5. c) Leyes marco.

6. c) Quince días.

7. a) El Rey.

8. d) Disposiciones del Gobierno que contienen legislación delegada.

9. d) Decreto ley.

10. c) Al Congreso de los Diputados.

11. b) Un máximo de 3 miembros de la Asamblea.

12. c) Una ley orgánica.

13. b) 500.000 firmas acreditadas.

14. d) Todas las anteriores son correctas.

15. c) Dos meses, a partir del día de la recepción del texto.

TEST N.º 2

El acto administrativo: concepto, clases y elementos. Su motivación y notificación. Eficacia y validez de los actos administrativos. El principio de legalidad en la actuación administrativa

1. El acto administrativo está sujeto al principio de legalidad:

a) Siempre.
b) Cuando se trate de actos reglados.
c) Según los casos.
d) No necesariamente.

2. Cuando la Administración Pública actúa como persona de Derecho Privado:

a) Solo puede ser controlada por los Tribunales contencioso-administrativos.
b) No dicta actos administrativos.
c) Su actividad es puramente discrecional.
d) Puede actuar sin límite alguno, como cualquier particular.

3. Un acto complejo es aquel:

a) En el que intervienen, sucesivamente, en virtud de la tutela administrativa, dos órganos administrativos.
b) Que se adopta por un órgano colegiado.
c) En cuyo proceso de elaboración se ha evacuado el dictamen de un órgano consultivo.
d) En cuya emisión de voluntad han de intervenir, como mínimo, dos órganos administrativos.

4. El interés público convierte a los actos administrativos en:

a) Susceptibles de impugnación directa.
b) Reglados, en parte.
c) Discrecionales.
d) Nada de lo anterior.

5. El contenido eventual del acto supone:

a) Que éste puede estar condicionado.
b) Que se presume en todos los actos del mismo tipo.
c) Que es connatural con el acto de que se trate.
d) Su carácter reglado.

6. Un acto general debe:

a) Publicarse.
b) Notificarse a los interesados.
c) Tener un contenido normativo.
d) Elaborarse por un órgano colegiado.

7. La compulsión sobre las personas:

a) Deriva de la propia esencia del acto administrativo.
b) Deriva del principio de ejecutividad de los actos administrativos.
c) Deriva de la posibilidad en manos de la Administración Pública de ejecutar forzosamente algunos actos administrativos.
d) Es similar al lanzamiento administrativo.

8. El acto que da fin a un expediente administrativo es un/una:

a) Propuesta.
b) Acto definitivo.
c) Informe con propuesta de resolución.
d) Acto trámite.

9. Un ejemplo de acto de trámite es un/una:

a) Decisión con que concluye el procedimiento.
b) Renuncia.
c) Informe emitido en un procedimiento.
d) Ninguno de ellos lo es.

10. Las competencias administrativas hacen referencia a/al/a las:

a) Ente administrativo de que se trate.
b) Atribuciones que por Ley se conceden a una Administración Pública.
c) Atribuciones que se otorgan a un órgano administrativo.
d) Nada de lo anterior.

11. El contenido de un acto administrativo ha de ser:

a) Ilícito y determinado.
b) Posible y lícito.

c) Determinado o determinable e ilícito.
d) Imposible y lícito.

12. Las cláusulas accesorias de un acto administrativo forman parte del contenido:

a) Natural del acto.
b) Implícito del mismo.
c) Legal del acto.
d) Eventual del acto.

13. Cuando algo necesariamente forma parte de un acto, hablamos de contenido:

a) Natural.
b) Legal.
c) Eventual.
d) Implícito.

14. Los actos deben motivarse:

a) Siempre.
b) Nunca.
c) Cuando decidan un procedimiento.
d) Cuando la Ley lo prescriba.

15. No tienen por qué motivarse los actos que:

a) Resuelvan recursos.
b) Limiten derechos subjetivos.
c) Se separen del dictamen de órganos consultivos.
d) Todos los anteriores deben motivarse.

En MADTEST tienes **más preguntas de este tema**, y todos tus avances quedan registrados y se reflejan en el ranking.

¡Supera tus límites con MADTEST!

Solución al test n.º 2

1. a) Siempre.

2. b) No dicta actos administrativos.

3. d) En cuya emisión de voluntad han de intervenir, como mínimo, dos órganos administrativos.

4. b) Reglados, en parte.

5. a) Que éste puede estar condicionado.

6. a) Publicarse.

7. c) Deriva de la posibilidad en manos de la Administración Pública de ejecutar forzosamente algunos actos administrativos.

8. b) Acto definitivo.

9. c) Informe emitido en un procedimiento.

10. c) Atribuciones que se otorgan a un órgano administrativo.

11. b) Posible y lícito.

12. d) Eventual del acto.

13. a) Natural.

14. d) Cuando la Ley lo prescriba.

15. d) Todos los anteriores deben motivarse.

TEST N.º 3

El procedimiento administrativo común: concepto, naturaleza y principios generales. Fases del procedimiento: iniciación, ordenación, instrucción y finalización. Ejecución

1. Salvo en el caso de que en la norma correspondiente se fije plazo distinto, los trámites que deban ser cumplimentados por los interesados deberán realizarse:

a) En el plazo de un mes a partir del siguiente al de la notificación del correspondiente acto.

b) En el plazo de veinte días a partir del siguiente al de la notificación del correspondiente acto.

c) En el plazo de quince días a partir del siguiente al de la notificación del correspondiente acto.

d) En el plazo de diez días a partir del siguiente al de la notificación del correspondiente acto.

2. Señala la respuesta correcta respecto a la emisión de informes:

a) Salvo disposición expresa en contrario, los informes serán facultativos y vinculantes.

b) Los informes serán emitidos a través de medios electrónicos en el plazo de quince días, salvo que una disposición o el cumplimiento del resto de los plazos del procedimiento permita o exija otro plazo mayor o menor.

c) El informe emitido fuera de plazo podrá no ser tenido en cuenta al adoptar la correspondiente resolución.

d) Cuando se soliciten informes preceptivos a un órgano de la misma o distinta Administración, por el tiempo que medie entre la petición, que deberá comunicarse a los interesados, y la recepción del informe, que igualmente deberá ser comunicada a los mismos. Este plazo de suspensión no podrá exceder en ningún caso de un mes.

3. ¿De qué plazo disponen los interesados durante el trámite de audiencia para alegar y presentar los documentos y justificaciones que estimen pertinentes?

a) No inferior a quince ni superior a un mes.

b) No inferior a diez días ni superior a quince.

c) Quince días.

d) Siete días hábiles.

4. A tenor del art. 84 de la Ley 39/2015, de 1 de octubre, del Procedimiento Administrativo Común de las Administraciones Públicas, pondrán fin al procedimiento la resolución:

a) El desistimiento.
b) La renuncia al derecho en que se funde la solicitud.
c) La declaración de caducidad.
d) Todas las respuestas son correctas.

5. ¿Cuál es la forma especial de terminación del procedimiento administrativo?

a) La resolución.
b) La declaración de caducidad.
c) La terminación convencional.
d) El desistimiento.

6. El acuerdo de realización de actuaciones complementarias se notificará a los interesados, concediéndoseles un plazo para formular las alegaciones que tengan por pertinentes tras la finalización de las mismas, de:

a) Siete días.
b) Diez días.
c) Quince días.
d) Un mes.

7. En los procedimientos iniciados a solicitud del interesado, cuando se produzca su paralización por causa imputable al mismo, la Administración le advertirá de que se producirá la caducidad del procedimiento, transcurrido:

a) Quince días.
b) Veinte días.
c) Un mes.
d) Tres meses.

8. Señala la respuesta incorrecta respecto a la caducidad:

a) La caducidad no producirá por sí sola la prescripción de las acciones del particular o de la Administración, pero los procedimientos caducados interrumpirán el plazo de prescripción.
b) No podrá acordarse la caducidad por la simple inactividad del interesado en la cumplimentación de trámites, siempre que no sean indispensables para dictar resolución.
c) Podrá no ser aplicable la caducidad en el supuesto de que la cuestión suscitada afecte al interés general, o fuera conveniente sustanciarla para su definición y esclarecimiento.
d) En los casos en los que sea posible la iniciación de un nuevo procedimiento por no haberse producido la prescripción, podrán incorporarse a éste los actos y trámites cuyo contenido se hubiera mantenido igual de no haberse producido la caducidad.

9. El plazo máximo en el que debe notificarse la resolución expresa será el fijado por la norma reguladora del correspondiente procedimiento. Este plazo, salvo que una norma con rango de ley establezca uno mayor o así venga previsto en el Derecho de la Unión Europea, no podrá exceder de:

a) Veinte días.
b) Un mes.
c) Tres meses.
d) Seis meses.

10. ¿Qué recurso cabe contra el acuerdo de acumulación?

a) Ninguno.
b) Recurso de alzada.
c) Recurso de reposición.
d) Recurso extraordinario de revisión.

11. Señala la respuesta incorrecta respecto a la información pública:

a) La incomparecencia en este trámite podrá impedir a los interesados interponer los recursos procedentes contra la resolución definitiva del procedimiento.
b) El órgano al que corresponda la resolución del procedimiento, cuando la naturaleza de este lo requiera, podrá acordar un período de información pública.
c) La comparecencia en el trámite de información pública no otorga, por sí misma, la condición de interesado.
d) Quienes presenten alegaciones u observaciones en este trámite tienen derecho a obtener de la Administración una respuesta razonada, que podrá ser común para todas aquellas alegaciones que planteen cuestiones sustancialmente iguales.

12. Indica cuál de las siguientes no es una de las formas anormales de terminación del procedimiento administrativo:

a) La declaración de caducidad.
b) El desistimiento.
c) La renuncia al derecho en que se funde la solicitud.
d) La resolución.

13. Las actuaciones complementarias deberán practicarse en un plazo no superior a:

a) Diez días.
b) Quince días.
c) Veinte días.
d) Un mes.

14. Cuando la sanción tenga únicamente carácter pecuniario, el órgano competente para resolver el procedimiento aplicará reducciones sobre el importe de la sanción propuesta de, al menos:

a) El 10 %.
b) El 15 %.
c) El 20 %.
d) El 30 %.

15. A tenor del art. 94 del Texto Refundido de la Ley sobre Tráfico, Circulación de Vehículos a Motor y Seguridad Vial, una vez realizado el pago voluntario de la multa, ya sea en el acto de entrega de la denuncia o dentro del plazo de veinte días naturales contados desde el día siguiente al de su notificación, concluirá el procedimiento sancionador con una reducción del importe de la sanción:

a) Del 50 %.
b) Del 40 %.
c) Del 30 %.
d) Del 25 %.

En MADTEST tienes **más preguntas de este tema**, y todos tus avances quedan registrados y se reflejan en el ranking.

¡Supera tus límites con MADTEST!

Solución al test n.º 3

1. d) En el plazo de diez días a partir del siguiente al de la notificación del correspondiente acto.

2. c) El informe emitido fuera de plazo podrá no ser tenido en cuenta al adoptar la correspondiente resolución.

3. b) No inferior a diez días ni superior a quince.

4. d) Todas las respuestas son correctas.

5. c) La terminación convencional.

6. a) Siete días.

7. d) Tres meses.

8. a) La caducidad no producirá por sí sola la prescripción de las acciones del particular o de la Administración, pero los procedimientos caducados interrumpirán el plazo de prescripción.

9. d) Seis meses.

10. a) Ninguno.

11. a) La incomparecencia en este trámite podrá impedir a los interesados interponer los recursos procedentes contra la resolución definitiva del procedimiento.

12. d) La resolución.

13. b) Quince días.

14. c) El 20 %.

15. a) Del 50 %.

TEST N.º 4

La revisión de los actos administrativos: revisión de oficio. Recursos administrativos: alzada, reposición y extraordinario de revisión. La revocación y la rectificación de los actos administrativos. La Jurisdicción contencioso-administrativa: concepto y naturaleza

1. Contra actos que no agotan la vía administrativa podrá interponerse:

a) Reclamación económico-administrativa.
b) Recurso de alzada.
c) Recurso de reposición.
d) Recurso de revisión.

2. Contra los actos firmes en vía administrativa:

a) Podrá interponerse recurso de reposición.
b) Podrá interponerse recurso de alzada.
c) Podrá interponerse recurso de revisión.
d) No podrá interponerse recurso administrativo alguno.

3. El recurso de alzada se interpondrá ante:

a) El órgano que dictó el acto.
b) El órgano superior jerárquico del que dictó el acto.
c) Ante el órgano jurisdiccional contencioso-administrativo.
d) El Defensor del Pueblo.

4. Si el acto fuera expreso, el plazo para la interposición del recurso de reposición es de:

a) Un mes.
b) Dos meses.
c) Tres meses.
d) Seis meses.

5. El órgano competente para suspender la ejecución de un acto impugnado es:

a) El órgano que dictó el acto impugnado.
b) El órgano superior a quien competa resolver el recurso.
c) El tribunal contencioso-administrativo que corresponda.
d) El órgano a quien competa resolver el recurso.

6. El plazo máximo para dictar y notificar la resolución de un recurso de reposición será de:

a) 1 mes.
b) 2 meses.
c) 3 meses.
d) 6 meses.

7. El recurso extraordinario de revisión contra actos firmes en vía administrativa que al dictarlos se hubiera incurrido en error de hecho que resulte de los propios documentos incorporados al expediente, se interpondrá dentro del plazo, a contar desde la fecha de la notificación de la resolución impugnada, de:

a) 3 meses.
b) 6 meses.
c) 1 año.
d) 4 años.

8. El recurso extraordinario de revisión contra actos firmes en vía administrativa se interpondrá ante:

a) El órgano administrativo que los dictó.
b) El órgano jurisdiccional contencioso-administrativo.
c) El órgano superior jerárquico del que dictó los actos.
d) El Consejo de Ministros o equivalente de las distintas Administraciones Públicas.

9. El recurso extraordinario de revisión se entenderá desestimado, transcurrido desde la interposición del mismo sin haberse dictado y notificado la resolución, un plazo de:

a) 1 mes.
b) 3 meses.
c) 6 meses.
d) 1 año.

10. De las siguientes circunstancias ¿cuál cuenta con un plazo de 4 años desde la notificación de la resolución impugnada para la interposición de recurso extraordinario de revisión contra actos firmes en vía administrativa?

a) Que al dictarlos se hubiera incurrido en error de hecho que resulte de los propios documentos incorporados al expediente.
b) Que en la resolución hayan influido esencialmente documentos o testimonios declarados falsos por sentencia judicial firme, anterior o posterior a aquella resolución.

c) Que la resolución se hubiese dictado como consecuencia de prevaricación, cohecho, violencia, maquinación fraudulenta u otra conducta punible y se haya declarado así en virtud de sentencia judicial firme.

d) Que aparezcan documentos de valor esencial para la resolución del asunto que, aunque sean posteriores, evidencien el error de la resolución recurrida.

11. Según la LPACAP, ¿podrán los interesados interponer recursos de alzada y potestativo de reposición contra los actos de trámite?

a) Sí, en cualquier caso.

b) Sí, cuando estos decidan directa o indirectamente sobre el fondo del asunto, determinen la imposibilidad de continuar el procedimiento, produzcan indefensión o perjuicio irreparable a derechos e intereses legítimos.

c) Únicamente cuando produzcan indefensión.

d) Únicamente cuando un juez lo permita.

12. El plazo para la interposición del recurso de alzada será de:

a) Un mes, en todo caso.

b) Dos meses, en todo caso.

c) Tres meses, en todo caso.

d) Un mes, si el acto fuera expreso y si no lo fuera, de tres meses.

13. La ejecución del acto impugnado se entenderá suspendida si desde que la solicitud de suspensión haya tenido entrada en el registro electrónico de la Administración u Organismo competente para decidir sobre la misma, el órgano a quien competa resolver el recurso no ha dictado y notificado resolución expresa al respecto transcurrido/s:

a) 1 mes.

b) 2 meses.

c) 3 meses.

d) 6 meses.

14. De acuerdo con el artículo 1º.2 de la LJCA se entiende por Administración Pública:

a) La Administración General del Estado.

b) Las Administraciones de las Comunidades Autónomas.

c) Las Entidades que integran la Administración Local.

d) Todas las respuestas son correctas.

15. La Jurisdicción Contenciosa Administrativa conocerá de las pretensiones que se deduzcan en relación con:

a) Los actos y disposiciones en materia de personal, administración y gestión patrimonial sujetos al Derecho público.

b) La actuación de la Administración electoral.

c) En el ámbito judicial, solo de la actividad administrativa de los órganos de gobierno de los Juzgados y Tribunales.

d) Las respuestas a) y b) son correctas.

En MADTEST tienes **más preguntas de este tema**, y todos tus avances quedan registrados y se reflejan en el ranking.

¡Supera tus límites con MADTEST!

Solución al test n.º 4

1. b) Recurso de alzada.

2. c) Podrá interponerse recurso de revisión.

3. b) El órgano superior jerárquico del que dictó el acto.

4. a) Un mes.

5. d) El órgano a quien competa resolver el recurso.

6. a) 1 mes.

7. d) 4 años.

8. a) El órgano administrativo que los dictó.

9. b) 3 meses.

10. a) Que al dictarlos se hubiera incurrido en error de hecho que resulte de los propios documentos incorporados al expediente.

11. b) Sí, cuando estos decidan directa o indirectamente sobre el fondo del asunto, determinen la imposibilidad de continuar el procedimiento, produzcan indefensión o perjuicio irreparable a derechos e intereses legítimos.

12. d) Un mes, si el acto fuera expreso y si no lo fuera, de tres meses.

13. a) 1 mes.

14. d) Todas las respuestas son correctas.

15. d) Las respuestas a) y b) son correctas.

TEST N.º 5

El régimen jurídico del Sector Público: principios de actuación y funcionamiento. Los órganos de las Administraciones Públicas: especial referencia a los órganos colegiados. La atribución de competencias a los órganos administrativos: desconcentración, delegación, avocación, encomienda de gestión, delegación de firma y suplencia

1. En cuanto a la competencia de los órganos administrativos:

a) La competencia es renunciable por los órganos que la tengan atribuida.

b) La titularidad y el ejercicio de las competencias atribuidas a los órganos administrativos no podrán ser desconcentradas en otros jerárquicamente dependientes de aquellos.

c) La encomienda de gestión, la delegación de firma y la suplencia no suponen alteración de la titularidad de la competencia, aunque sí de los elementos determinantes de su ejercicio que en cada caso se prevén.

d) Si alguna disposición atribuye competencia a una Administración, sin especificar el órgano que debe ejercerla, se entenderá que la facultad de instruir y resolver los expedientes corresponde a los órganos superiores competentes por razón de la materia y del territorio.

2. En referencia a los órganos administrativos, podrán delegar competencias relativas a:

a) Asuntos que se refieran a relaciones con la Jefatura del Estado.

b) La adopción de disposiciones de carácter general.

c) La resolución de recursos en los órganos administrativos que hayan dictado los actos objeto de recurso.

d) El ejercicio de la potestad sancionadora.

3. En relación con la delegación de competencias entre órganos administrativos, no es cierto que:

a) La delegación puede ser revocada en cualquier momento por el órgano que la haya conferido.

b) La delegación de competencias atribuidas a órganos colegiados, para cuyo ejercicio ordinario se requiera un quórum especial, deberá adoptarse observando, en todo caso, dicho quórum.

c) Las competencias que se ejercen por delegación pueden ser delegadas.

d) No podrán ser delegadas aquellas materias en que así se determine por norma con rango de ley.

4. En cuanto a la delegación de firma, es cierto que:

a) La delegación de firma altera la competencia del órgano delegante.

b) Para su validez es necesaria su publicación.

c) Solo puede delegarse la firma en materias que se ostenten por atribución.

d) En las resoluciones y actos que se firmen por delegación se hará constar la autoridad de procedencia.

5. En relación con los conflictos de atribuciones entre órganos administrativos, no es cierto que:

a) El órgano administrativo que se estime incompetente para la resolución de un asunto remitirá directamente las actuaciones al órgano que considere competente.

b) Los interesados que sean parte en el procedimiento podrán dirigirse al órgano que se encuentre conociendo de un asunto para que decline su competencia y remita las actuaciones al órgano competente.

c) Los interesados podrán dirigirse al órgano que estimen competente para que requiera de inhibición al que esté conociendo del asunto.

d) Los conflictos de atribuciones solo podrán suscitarse entre órganos de una misma Administración relacionados jerárquicamente.

6. En relación con las instrucciones y órdenes de servicio, no es cierto que:

a) El incumplimiento de las instrucciones u órdenes de servicio supone la invalidez de los actos dictados por los órganos administrativos.

b) Son normas de carácter interno, que no han de afectar a los administrados.

c) No requieren un especial procedimiento de elaboración.

d) Su cumplimiento se subordina al conocimiento de las mismas por sus destinatarios.

7. Señala la respuesta incorrecta. Las autoridades y el personal al servicio de las Administraciones se abstendrán de intervenir en el procedimiento:

a) Cuando tengan interés personal en el asunto de que se trate o en otro en cuya resolución pudiera influir la de aquel.

b) Si tienen parentesco de consanguinidad o de afinidad dentro del cuarto grado, con cualquiera de los interesados.

c) Tener amistad íntima con los administradores de entidades o sociedades interesadas o con los asesores, representantes legales o mandatarios que intervengan en el procedimiento.

d) Haber tenido intervención como perito o como testigo en el procedimiento de que se trate.

8. Señala la respuesta correcta en relación con la abstención en el procedimiento:

a) La actuación de autoridades y personal al servicio de las Administraciones Públicas en los que concurran motivos de abstención implicará, necesariamente, la invalidez de los actos en que hayan intervenido.

b) Los órganos jerárquicamente superiores podrán ordenar a las personas en quienes se dé alguna de las circunstancias señaladas en el art. 23 de la LRJSP que se abstengan de toda intervención en el expediente.

c) La no abstención en los casos en que proceda no dará lugar a responsabilidad.

d) La enemistad manifiesta no es motivo de abstención en el procedimiento de una autoridad de la Administración Pública.

9. En lo concerniente a la recusación, a la que se refiere el art. 24 de la LRJSP:

a) La recusación deberá promoverse por los interesados antes de que se inicie la tramitación del procedimiento.

b) La recusación se planteará por escrito en el que se expresará la causa o causas en que se funda.

c) Si el recusado niega la causa de recusación, el superior resolverá en el plazo de tres meses, previos los informes y comprobaciones que considere oportunos.

d) Contra las resoluciones adoptadas en esta materia cabe recurso de alzada.

10. Los órganos administrativos podrán dirigir las actividades de sus órganos jerárquicamente dependientes mediante:

a) Instrucciones y Órdenes de servicio.

b) Circulares.

c) Notas de servicio y Recomendaciones.

d) Directrices y Avisos.

11. De conformidad con el artículo 8 de la Ley 40/2015, de 1 de octubre, de Régimen Jurídico del Sector Público, la competencia para el dictado de actos administrativos:

a) Es irrenunciable y siempre se ejercerá por los órganos administrativos que la tengan atribuida como propia.

b) Se puede delegar en todo caso.

c) Es irrenunciable y se ejercerá por los órganos administrativos que la tengan atribuida como propia, salvo los casos de delegación o avocación, en los términos previstos en la ley.

d) Es irrenunciable y se ejercerá por los órganos administrativos que la tengan atribuida como propia, salvo los casos de delegación de firma o suplencia, en los términos previstos en la ley.

12. En ningún caso podrán ser objeto de delegación, tal y como dispone la Ley 40/2015, de 1 de octubre, competencias relativas a:

a) La resolución de los recursos de alzada.

b) La adopción de disposiciones de carácter general.

c) Las resoluciones en materia de personal.
d) Las resoluciones de responsabilidad patrimonial.

13. Según dispone el artículo 23 de la Ley 40/2015, de 1 de octubre, de Régimen Jurídico del Sector Público, es motivo de abstención:

a) Tener interés personal en el asunto de que se trate o en otro en cuya resolución pudiera influir la de aquel, ser administrador de sociedad o entidad interesada, o tener cuestión litigiosa pendiente con algún interesado.
b) Tener parentesco de consanguinidad dentro del cuarto grado o de afinidad dentro del tercero, con cualquiera de los interesados, con los administradores de entidades o sociedades interesadas o con sus asesores o representantes legales.
c) Haber prestado servicios profesionales de cualquier tipo y en cualquier circunstancia o lugar en los cinco últimos años a persona natural interesada directamente en el asunto.
d) Haber prestado servicios profesionales de cualquier tipo y en cualquier circunstancia o lugar en los cinco últimos años a persona jurídica interesada directamente en el asunto.

14. La recusación de acuerdo con el artículo 24 de la Ley 40/2015, de 1 de octubre, de Régimen Jurídico del Sector Público, la promueve:

a) La autoridad.
b) El superior jerárquico de la autoridad o funcionario.
c) El interesado.
d) El funcionario.

15. Según dispone el artículo 23 de la Ley 40/2015, de 1 de octubre, de Régimen Jurídico del Sector Público, NO es un motivo de abstención:

a) Haber tenido intervención como perito en el procedimiento de que se trate.
b) Tener parentesco de afinidad dentro del segundo grado, con cualquiera de los interesados, con los administradores de entidades o sociedades interesadas y también con los asesores, representantes legales o mandatarios que intervengan en el procedimiento.
c) Tener parentesco de afinidad dentro del cuarto grado, con cualquiera de los interesados, con los administradores de entidades o sociedades interesadas y también con los asesores, representantes legales o mandatarios que intervengan en el procedimiento.
d) Haber tenido intervención como testigo en el procedimiento de que se trate.

En MADTEST tienes **más preguntas de este tema**, y todos tus avances quedan registrados y se reflejan en el ranking.

¡Supera tus límites con MADTEST!

Solución al test n.º 5

1. c) La encomienda de gestión, la delegación de firma y la suplencia no suponen alteración de la titularidad de la competencia, aunque sí de los elementos determinantes de su ejercicio que en cada caso se prevén.

2. d) El ejercicio de la potestad sancionadora.

3. c) Las competencias que se ejercen por delegación pueden ser delegadas.

4. d) En las resoluciones y actos que se firmen por delegación se hará constar la autoridad de procedencia.

5. d) Los conflictos de atribuciones sólo podrán suscitarse entre órganos de una misma Administración relacionados jerárquicamente.

6. a) El incumplimiento de las instrucciones u órdenes de servicio supone la invalidez de los actos dictados por los órganos administrativos.

7. b) Si tienen parentesco de consanguinidad o de afinidad dentro del cuarto grado, con cualquiera de los interesados.

8. b) Los órganos jerárquicamente superiores podrán ordenar a las personas en quienes se dé alguna de las circunstancias señaladas en el art. 23 de la LRJSP que se abstengan de toda intervención en el expediente.

9. b) La recusación se planteará por escrito en el que se expresará la causa o causas en que se funda.

10. a) Instrucciones y Órdenes de servicio.

11. c) Es irrenunciable y se ejercerá por los órganos administrativos que la tengan atribuida como propia, salvo los casos de delegación o avocación, en los términos previstos en la ley.

12. b) La adopción de disposiciones de carácter general.

13. a) Tener interés personal en el asunto de que se trate o en otro en cuya resolución pudiera influir la de aquel, ser administrador de sociedad o entidad interesada, o tener cuestión litigiosa pendiente con algún interesado.

14. c) El interesado.

15. c) Tener parentesco de afinidad dentro del cuarto grado, con cualquiera de los interesados, con los administradores de entidades o sociedades interesadas y también con los asesores, representantes legales o mandatarios que intervengan en el procedimiento.

TEST N.º 6

La potestad sancionadora de la Administración: principios y procedimiento. La responsabilidad patrimonial de las Administraciones Públicas: principios y procedimiento. Responsabilidad de autoridades y personal al servicio de las Administraciones Públicas

1. A tenor del artículo 103 de la CE, la Administración Pública sirve con objetividad los intereses generales y actúa de acuerdo con los principios de:

a) Eficacia, igualdad, seguridad y transparencia jurídica.
b) Eficacia, jerarquía, descentralización, desconcentración y coordinación.
c) Eficacia, eficiencia, economía en el gasto y publicidad.
d) Eficiencia, transparencia, legalidad y jerarquía normativa.

2. ¿Cuál es la actual Ley del Procedimiento Administrativo Común de las Administraciones Públicas?

a) La Ley 30/1992, de 26 de noviembre.
b) La Ley 35/2005, de 4 de octubre.
c) La Ley 39/2015, de 1 de octubre.
d) La Ley 1/2015, de 8 de septiembre.

3. ¿De cuántos artículos consta la Ley 39/2015, de 1 de octubre, del Procedimiento Administrativo Común de las Administraciones Públicas?

a) De 121.
b) De 127.
c) De 131.
d) De 133.

4. La Ley 39/2015, de 1 de octubre, del Procedimiento Administrativo Común de las Administraciones Públicas, se estructura en:

a) 7 Títulos, 5 Disposiciones Adicionales, 5 Disposiciones Transitorias, 1 Disposición Derogatoria y 7 Disposiciones Finales.
b) 7 Títulos, 5 Disposiciones Adicionales, 7 Disposiciones Transitorias, 1 Disposición Derogatoria y 5 Disposiciones Finales.

c) 5 Títulos, 7 Disposiciones Adicionales, 7 Disposiciones Transitorias, 1 Disposición Derogatoria y 7 Disposiciones Finales.

d) 5 Títulos, 7 Disposiciones Adicionales, 5 Disposiciones Transitorias, 1 Disposición Derogatoria y 7 Disposiciones Finales.

5. ¿Qué Título de la Ley 39/2015, de 1 de octubre, del Procedimiento Administrativo Común de las Administraciones Públicas, regula la revisión de los actos en vía administrativa?

a) El Título III.
b) El Título IV.
c) El Título V.
d) El Título VI.

6. Señale la respuesta incorrecta respecto al inicio del procedimiento por denuncia:

a) Las denuncias deberán expresar la identidad de la persona o personas que las presentan y el relato de los hechos que se ponen en conocimiento de la Administración.

b) La presentación de una denuncia confiere, por sí sola, la condición de interesado en el procedimiento.

c) Cuando la denuncia invocara un perjuicio en el patrimonio de las Administraciones Públicas la no iniciación del procedimiento deberá ser motivada y se notificará a los denunciantes la decisión de si se ha iniciado o no el procedimiento.

d) Se entiende por denuncia el acto por el que cualquier persona, en cumplimiento o no de una obligación legal, pone en conocimiento de un órgano administrativo la existencia de un determinado hecho que pudiera justificar la iniciación de oficio de un procedimiento administrativo.

7. ¿En qué caso se podrá imponer una sanción sin que se haya tramitado el oportuno procedimiento?

a) En casos de urgente necesidad.

b) En situaciones excepcionales, como por ejemplo, situaciones de crisis sanitarias o epidemias.

c) Las respuestas a) y b) son correctas.

d) En ningún caso.

8. Los interesados solo podrán solicitar el inicio de un procedimiento de responsabilidad patrimonial, cuando no haya prescrito su derecho a reclamar. El derecho a reclamar prescribirá:

a) Al año de producido el hecho o el acto que motive la indemnización o se manifieste su efecto lesivo.

b) A los dos años de producido el hecho o el acto que motive la indemnización o se manifieste su efecto lesivo.

c) A los cinco años de producido el hecho o el acto que motive la indemnización o se manifieste su efecto lesivo.
d) Este derecho no prescribe.

9. En el caso de los procedimientos de responsabilidad patrimonial será preceptivo solicitar informe al servicio cuyo funcionamiento haya ocasionado la presunta lesión indemnizable, no pudiendo exceder el plazo de su emisión de:

a) Diez días.
b) Quince días.
c) Veinte días.
d) Un mes.

10. A tenor del artículo 92 LPACAP, en el ámbito de la Administración General del Estado, los procedimientos de responsabilidad patrimonial se resolverán por:

a) El Ministro respectivo.
b) El Presidente del Gobierno.
c) El Consejo de Ministros.
d) Las respuestas a) y c) son correctas.

11. Las infracciones administrativas se clasificarán por la Ley en:

a) Graves y leves.
b) Leves, graves y muy graves.
c) Leves, graves, menos graves y muy graves.
d) Muy graves, graves y menos graves.

12. En la determinación normativa del régimen sancionador, así como en la imposición de sanciones por las Administraciones Públicas se deberá observar la debida idoneidad y necesidad de la sanción a imponer y su adecuación a la gravedad del hecho constitutivo de la infracción. La graduación de la sanción considerará especialmente el siguiente criterio:

a) La naturaleza de los perjuicios causados.
b) El grado de culpabilidad o la existencia de intencionalidad.
c) La reincidencia, por comisión en el término de un año de más de una infracción de la misma naturaleza cuando así haya sido declarado por resolución firme en vía administrativa.
d) Todas las respuestas son correctas.

13. Cuando de la comisión de una infracción derive necesariamente la comisión de otra u otras, se deberá imponer:

a) Únicamente la sanción correspondiente a la infracción más grave cometida.
b) Únicamente la sanción correspondiente a la infracción más leve cometida.

c) Únicamente la sanción correspondiente a la primera infracción cometida.

d) Todas y cada una de las sanciones correspondientes a las infracciones cometidas.

14. Las infracciones y sanciones prescribirán según lo dispuesto en las leyes que las establezcan. Si estas no fijan plazos de prescripción, las infracciones muy graves prescribirán:

a) A los cinco años.

b) A los tres años.

c) Al año.

d) A los seis meses.

15. Las infracciones leves prescribirán:

a) Al año.

b) A los seis meses.

c) A los tres meses.

d) Al mes.

En MADTEST tienes **más preguntas de este tema**, y todos tus avances quedan registrados y se reflejan en el ranking.

¡Supera tus límites con MADTEST!

Solución al test n.º 6

1. b) Eficacia, jerarquía, descentralización, desconcentración y coordinación.

2. c) La Ley 39/2015, de 1 de octubre.

3. d) De 133.

4. a) 7 Títulos, 5 Disposiciones Adicionales, 5 Disposiciones Transitorias, 1 Disposición Derogatoria y 7 Disposiciones Finales.

5. c) El Título V.

6. b) La presentación de una denuncia confiere, por sí sola, la condición de interesado en el procedimiento.

7. d) En ningún caso.

8. a) Al año de producido el hecho o el acto que motive la indemnización o se manifieste su efecto lesivo.

9. a) Diez días.

10. d) Las respuestas a) y c) son correctas.

11. b) Leves, graves y muy graves.

12. d) Todas las respuestas son correctas.

13. a) Únicamente la sanción correspondiente a la infracción más grave cometida.

14. b) A los tres años.

15. b) A los seis meses.

TEST N.º 7

Los contratos del Sector Público: Tipología contractual. Las partes en el contrato. Órganos competentes en materia de contratación en la Administración de Castilla y León

1. Están incluidos en el ámbito de la Ley de Contratos del Sector Público:

a) La relación de servicio de los funcionarios públicos y los contratos regulados en la legislación laboral.

b) Las relaciones jurídicas consistentes en la prestación de un servicio público cuya utilización por los usuarios requiera el abono de una tarifa, tasa o precio público de aplicación general.

c) Los contratos relativos a servicios de arbitraje y conciliación.

d) Los contratos onerosos, cualquiera que sea su naturaleza jurídica, que celebren las Mutuas de Accidentes de Trabajo y Enfermedades Profesionales de la Seguridad Social.

2. Los contratos que tienen por objeto la adquisición, el arrendamiento financiero, o el arrendamiento, con o sin opción de compra, de productos o bienes muebles, son:

a) Contratos de servicios.

b) Contratos de suministro.

c) Contratos de obras.

d) Contratos de gestión de servicios públicos.

3. No se consideran contratos de suministros:

a) Aquellos en los que el empresario se obligue a entregar una pluralidad de bienes de forma sucesiva y por precio unitario sin que la cuantía total se defina con exactitud al tiempo de celebrar el contrato, por estar subordinadas las entregas a las necesidades del adquirente.

b) Los que tengan por objeto la adquisición y el arrendamiento de equipos y sistemas de telecomunicaciones o para el tratamiento de la información, sus dispositivos y programas, y la cesión del derecho de uso de estos últimos.

c) Los de adquisición de programas de ordenador desarrollados a medida.

d) Los de fabricación, por los que la cosa o cosas que hayan de ser entregadas por el empresario deban ser elaboradas con arreglo a características peculiares fijadas previamente por la entidad contratante, aun cuando esta se obligue a aportar, total o parcialmente, los materiales precisos.

4. De los siguientes, son contratos privados los contratos celebrados por una Administración Pública que tengan por objeto:

a) La suscripción a revistas, publicaciones periódicas y bases de datos.
b) La concesión de servicios públicos.
c) Los contratos de colaboración entre el sector público y el sector privado.
d) La adquisición de suministros.

5. Los contratos que tengan por objeto la adquisición de energía primaria o energía transformada se consideran:

a) Contratos de concesión de servicios.
b) Contratos de suministros.
c) Contratos privados.
d) Contratos de servicios.

6. Deberá elaborarse un proyecto y tramitarse como la Ley 9/2017 dispone para los contratos de obras, el contrato mixto en que un elemento del contrato sea una obra y esta supere:

a) Los 50.000 euros.
b) Los 100.000 euros.
c) Los 5.000 euros.
d) Los 10.000 euros.

7. No podrán ser objeto de los contratos de servicios:

a) Los que impliquen ejercicio de la autoridad inherente a los poderes públicos.
b) Los que impliquen el desarrollo o mantenimiento de aplicaciones informáticas.
c) Los que tengan por objeto el desarrollo y la puesta a disposición de productos protegidos por un derecho de propiedad intelectual o industrial.
d) Los que tengan por objeto la prestación de actividades docentes en centros del sector público desarrolladas en forma de cursos de formación o perfeccionamiento del personal al servicio de la Administración.

8. Los contratos celebrados por entidades del sector público que siendo poder adjudicador no reúnan la condición de Administraciones Públicas, tienen la consideración de:

a) Contratos administrativos.
b) Contratos privados.
c) Contratos administrativos especiales.
d) Contratos mixtos.

9. Los contratos celebrados por entidades del sector público que no reúnan la condición de poder adjudicador, tienen la consideración de:

a) Contratos administrativos.
b) Contratos privados.

c) Contratos administrativos especiales.
d) Contratos mixtos.

10. Para la Directiva 2014/23/UE, de 26 de febrero de 2014, relativa a la adjudicación de contratos de concesión, el criterio delimitador del contrato de concesión de servicios respecto del contrato de servicios es:

a) La cuantificación del coste.
b) Quién asume el riesgo operacional.
c) La exigencia o no de la clasificación del empresario.
d) La publicación en boletín oficial.

11. Según el art. 13.3 de la Ley 9/2017, de 8 de noviembre, de Contratos del Sector Público, los contratos de obras se referirán:

a) A una obra completa.
b) A una superficie acotada.
c) A un área concreta.
d) A un plan urbanístico determinado.

12. Según el artículo 3.2. de la LCSP, tienen la consideración de Administración Pública:

a) Las autoridades administrativas independientes.
b) Las fundaciones públicas.
c) Las Mutuas colaboradoras con la Seguridad Social.
d) Las Entidades Públicas Empresariales.

13. En toda contratación pública se incorporarán de manera transversal y preceptiva criterios sociales y medioambientales:

a) En todo caso.
b) Siempre que guarde relación con el objeto del contrato.
c) Siempre que se garantice la relación calidad-precio.
d) Como criterio decisorio en caso de igualdad de ofertas.

14. No se consideran sujetos a regulación armonizada, cualquiera que sea su valor estimado, los contratos siguientes:

a) Los contratos de obras que tengan por objeto la construcción de hospitales, centros deportivos, recreativos o de ocio, edificios escolares o universitarios y edificios de uso administrativo.
b) Aquellos que tengan por objeto la representación y defensa legal de un cliente por un procurador o un abogado, ya sea en un arbitraje o una conciliación celebrada en un Estado o ante una instancia internacional de conciliación o arbitraje, o ya sea en un procedimiento judicial ante los órganos jurisdiccionales o las autoridades públicas de un Estado o ante órganos jurisdiccionales o instituciones internacionales.

c) Los que tengan por objeto servicios sociales.
d) Los adjudicados por órganos de contratación que pertenezcan al sector de la defensa.

15. Los fondos sin personalidad jurídica, a efectos de la Ley 9/2017:

a) Tienen la consideración de Administración Pública.
b) Forman parte del Sector Público.
c) Se considerarán poderes adjudicadores.
d) Se consideran fundaciones.

En MADTEST tienes **más preguntas de este tema**, y todos tus avances quedan registrados y se reflejan en el ranking.

¡Supera tus límites con MADTEST!

Solución al test n.º 7

1. d) Los contratos onerosos, cualquiera que sea su naturaleza jurídica, que celebren las Mutuas de Accidentes de Trabajo y Enfermedades Profesionales de la Seguridad Social.

2. b) Contratos de suministro.

3. c) Los de adquisición de programas de ordenador desarrollados a medida.

4. a) La suscripción a revistas, publicaciones periódicas y bases de datos.

5. b) Contratos de suministros.

6. a) Los 50.000 euros.

7. a) Los que impliquen ejercicio de la autoridad inherente a los poderes públicos.

8. b) Contratos privados.

9. b) Contratos privados.

10. b) Quién asume el riesgo operacional.

11. a) A una obra completa.

12. a) Las autoridades administrativas independientes.

13. b) Siempre que guarde relación con el objeto del contrato.

14. b) Aquellos que tengan por objeto la representación y defensa legal de un cliente por un procurador o un abogado, ya sea en un arbitraje o una conciliación celebrada en un Estado o ante una instancia internacional de conciliación o arbitraje, o ya sea en un procedimiento judicial ante los órganos jurisdiccionales o las autoridades públicas de un Estado o ante órganos jurisdiccionales o instituciones internacionales.

15. b) Forman parte del Sector Público.

TEST N.º 8

Las subvenciones públicas: concepto y naturaleza jurídica. Legislación básica y autonómica. Los procedimientos para la concesión de subvenciones en la Administración de la Comunidad de Castilla y León

1. La gestión de las subvenciones no tiene por qué realizarse de acuerdo con el principio de:

a) Concurrencia.
b) Eficiencia en la asignación.
c) Transparencia.
d) Proporcionalidad.

2. El hecho de que se exija un importe de financiación propia por el que percibe la subvención:

a) Es la regla general.
b) Debe establecerse en la normativa reguladora de la subvención.
c) No está previsto en nuestro ordenamiento.
d) Se deja a la opción del propio subvencionado, como mérito para conseguir la subvención.

3. Las subvenciones reguladas en la Ley Orgánica 3/1987, de 2 de julio, de Financiación de los Partidos Políticos, a efectos de la Ley General de Subvenciones:

a) Están excluidas.
b) Se rigen en su integridad por la misma.
c) Solo se rigen por la misma con carácter supletorio.
d) Se regirán por la misma cuando expresamente así se señale en los procedimientos de concesión.

4. Respecto a las subvenciones financiadas con cargo a fondos de la Unión Europea, la Ley General de Subvenciones:

a) No se aplica.
b) Se aplica en su integridad.

c) Solo se aplica con carácter supletorio.

d) Solo se aplica cuando haya una invocación directa a esta Ley.

5. En el ámbito de la Administración General del Estado, el establecimiento de las bases reguladoras de la concesión de subvenciones se realiza por el/la:

a) Ministro de Hacienda y Administraciones Públicas.

b) Intervención General del Estado.

c) Ministro de la Presidencia.

d) Ministro correspondiente.

6. En el ámbito de la Administración General del Estado, se requiere acuerdo del Consejo de Ministros para autorizar la concesión de subvenciones de cuantía superior a la siguiente cantidad como mínimo:

a) Dos millones de euros.

b) Cinco millones de euros.

c) Diez millones de euros.

d) Doce millones de euros.

7. No es necesario publicar la concesión de una subvención, individualmente considerada, cuya cuantía sea inferior a:

a) 50.000 euros.

b) 30.000 euros.

c) 10.000 euros.

d) En todos los casos anteriores debe publicarse.

8. El derecho de la Administración a reconocer o liquidar el reintegro de una subvención, prescribe:

a) En ningún momento.

b) A los cuatro años.

c) A los dos años.

d) A los seis meses.

9. En el caso de que el beneficiario de una subvención careciera de capacidad de obrar, responderán, en relación con el reintegro de la misma, sus representantes legales:

a) En ningún caso.

b) Subsidiariamente.

c) Mancomunadamente.

d) Solidariamente.

10. El control financiero de las subvenciones concedidas por la Administración General del Estado compete, con carácter general, al/a la:

a) Intervención General de la Administración del Estado.
b) Ministro de Hacienda y Administraciones Públicas.
c) Tribunales del orden Contencioso-Administrativo.
d) Tribunales Económico-Administrativos.

11. Se considera infracción leve en materia de subvenciones:

a) La falta de justificación del empleo dado a los fondos recibidos una vez transcurrido el plazo establecido para su presentación.
b) La no aplicación, en todo o en parte, de las cantidades recibidas a los fines para los que la subvención fue concedida.
c) El incumplimiento de obligaciones de índole contable o registral.
d) Las respuestas a) y c) son correctas.

12. Se considera falta grave en materia de subvenciones:

a) La resistencia, obstrucción, excusa o negativa a las actuaciones de control financiero.
b) La obtención de una subvención falseando las condiciones requeridas para su concesión.
c) El incumplimiento de las condiciones establecidas alterando sustancialmente los fines para los que la subvención fue concedida.
d) Todas las anteriores.

13. Se considera falta muy grave en materia de subvenciones:

a) La falta de justificación del empleo dado a los fondos recibidos una vez transcurrido el plazo establecido para su presentación.
b) La obtención de la condición de entidad colaboradora falseando los requisitos requeridos en las bases reguladoras de la subvención u ocultando los que la hubiesen impedido.
c) La no aplicación, en todo o en parte, de las cantidades recibidas a los fines para los que la subvención fue concedida.
d) El incumplimiento de las obligaciones de conservación de justificantes o documentos equivalentes.

14. En la Comunidad de Castilla y León, la regulación de las subvenciones se contempla a nivel legal, en:

a) La Ley 5/2008.
b) La Ley 8/2008.
c) La Ley 8/2005.
d) La Ley 5/2005.

15. La Ley de Subvenciones de la Comunidad de Castilla y León consta de:

a) 35 artículos.
b) 45 artículos.
c) 55 artículos.
d) 65 artículos.

En MADTEST tienes **más preguntas de este tema**, y todos tus avances quedan registrados y se reflejan en el ranking.

¡Supera tus límites con MADTEST!

Solución al test n.º 8

1. d) Proporcionalidad.

2. b) Debe establecerse en la normativa reguladora de la subvención.

3. a) Están excluidas.

4. c) Solo se aplica con carácter supletorio.

5. d) Ministro correspondiente.

6. d) Doce millones de euros.

7. d) En todos los casos anteriores debe publicarse.

8. b) A los cuatro años.

9. d) Solidariamente.

10. a) Intervención General de la Administración del Estado.

11. c) El incumplimiento de obligaciones de índole contable o registral.

12. c) El incumplimiento de las condiciones establecidas alterando sustancialmente los fines para los que la subvención fue concedida.

13. c) La no aplicación, en todo o en parte, de las cantidades recibidas a los fines para los que la subvención fue concedida.

14. a) La Ley 5/2008.

15. c) 55 artículos.

TEST N.º 9

Las políticas de igualdad y no discriminación desarrolladas por la Administración de la Comunidad de Castilla y León. Igualdad de género: especial referencia a las medidas contra la violencia de género. Discapacidad y dependencia

1. El objeto de la Ley para la igualdad real y efectiva de las personas trans y para la garantía de los derechos de las personas LGTBI es:

a) La ordenación de las políticas públicas y la regulación de estructuras, recursos y servicios en favor de la rectificación pública de este colectivo.

b) Garantizar y promover el derecho a la igualdad real y efectiva de las personas lesbianas, gais, trans, bisexuales e intersexuales, así como de sus familias.

c) Armonizar los requisitos para el reconocimiento de la condición efectiva de las personas pertenecientes a la comunidad LGTBI.

d) Definir el instrumento principal de colaboración entre las distintas comunidades y colectivos para lograr el respeto hacia la comunidad LGTBI.

2. Se produce cuando una disposición, criterio o práctica aparentemente neutros ocasiona o puede ocasionar a una o varias personas una desventaja particular con respecto a otras por razón de orientación sexual, e identidad sexual, expresión de género o características sexuales. Nos referimos a:

a) Discriminación directa.

b) Discriminación interseccional.

c) Discriminación indirecta.

d) Discriminación por error.

3. ¿Cómo se denomina a la condición de aquellas personas nacidas con unas características biológicas, anatómicas o fisiológicas, una anatomía sexual, unos órganos reproductivos o un patrón cromosómico que no se corresponden con las nociones socialmente establecidas de los cuerpos masculinos o femeninos?

a) Orientación sexual indefinida.

b) Identidad sexual neutra.

c) Expresión de género abierta.
d) Intersexualidad.

4. En caso de una situación discriminatoria por razón de orientación e identidad sexual, expresión de género o características sexuales, ¿a quién corresponde aportar la justificación objetiva y razonable de las medidas adoptadas y de su proporcionalidad frente a tales situaciones?

a) A la parte actora.
b) A la persona interesada.
c) A la parte demandada.
d) A los organismos públicos.

5. ¿Qué plazo de tiempo tienen las personas progenitoras, desde el nacimiento de su descendiente como persona intersexual, para poder solicitar la mención del sexo y que sea inscrito?

a) Un mes.
b) Tres meses.
c) Seis meses.
d) Un año.

6. A efectos de la Ley 15/2022, de 12 de julio, integral para la igualdad de trato y la no discriminación, cualquier trato adverso o consecuencia negativa que pueda sufrir una persona o grupo en que se integra por intervenir, participar o colaborar en un procedimiento administrativo o proceso judicial destinado a impedir o hacer cesar una situación discriminatoria, o por haber presentado una queja, reclamación, denuncia, demanda o recurso de cualquier tipo con el mismo objeto, será entendido como:

a) Acoso.
b) Abuso.
c) Represalia.
d) Segregación.

7. Según el artículo 9.6 de la Ley 15/2022, por vía reglamentaria, se podrá exigir a los empleadores, que publiquen la información salarial necesaria para analizar los factores de las diferencias salariales, cuando sus empresas tengan más de:

a) 50 trabajadores.
b) 120 trabajadores.
c) 150 trabajadores.
d) 250 trabajadores.

8. Según el artículo 34 de la Ley 15/2022, la Estrategia Estatal para la Igualdad de Trato y la No Discriminación tendrá carácter:

a) Anual.
b) Bianual.

c) Trienal.
d) Cuatrienal.

9. Según el artículo 40 de la Ley 15/2022, la Autoridad Independiente para la Igualdad de Trato y la No Discriminación aprobará un informe anual de sus actividades, que deberá remitir a:

a) El Congreso de los Diputados.
b) El Gobierno.
c) El Defensor del Pueblo.
d) A todos los anteriores.

10. Cuánto dura el mandato de la persona que ocupa la presidencia de la Autoridad Independiente para la Igualdad de Trato y la No Discriminación:

a) Cuatro años, sin posibilidad de renovación.
b) Cuatro años, prorrogables una vez más por otro período igual.
c) Cinco años, sin posibilidad de renovación.
d) Cinco años, prorrogables una vez más por otro período igual.

11. ¿Qué son las políticas públicas?

a) Un conjunto de actividades que sólo afectan a la economía.
b) El conjunto de acciones que desarrollan las autoridades públicas para influir en la vida de los ciudadanos.
c) Las decisiones que toman los ciudadanos sobre su vida cotidiana.
d) Un programa de acción que solo se implementa en áreas rurales.

12. ¿Cuál es el derecho que se menciona en el artículo 14 de la Constitución Española de 1978?

a) Derecho a la educación.
b) Derecho a la salud.
c) Derecho al trabajo.
d) Derecho a la igualdad ante la ley.

13. Según el Estatuto de Autonomía de Castilla y León, ¿qué se prohíbe en el artículo 14?

a) La discriminación de género u orientación sexual.
b) La discriminación por razón de edad.
c) La discriminación por lugar de residencia.
d) La discriminación por nivel educativo.

14. ¿Qué derecho tienen los ciudadanos de Castilla y León en relación a la educación según el artículo 13 del Estatuto?

a) Derecho a la educación privada.
b) Derecho a la educación internacional.
c) Derecho a la educación primaria.
d) Derecho a la educación pública de calidad.

15. ¿Qué garantizan los poderes públicos de Castilla y León en relación a la salud?

a) La gratuidad de todos los servicios sanitarios.
b) El acceso a la protección integral de la salud.
c) La atención médica solo a personas mayores.
d) La exclusividad en el acceso a tratamientos médicos.

En MADTEST tienes **más preguntas de este tema**, y todos tus avances quedan registrados y se reflejan en el ranking.

¡Supera tus límites con MADTEST!

Solución al test n.º 9

1. b) Garantizar y promover el derecho a la igualdad real y efectiva de las personas lesbianas, gais, trans, bisexuales e intersexuales, así como de sus familias.

2. c) Discriminación indirecta.

3. d) Intersexualidad.

4. c) A la parte demandada.

5. d) Un año.

6. c) Represalia.

7. d) 250 trabajadores.

8. d) Cuatrienal.

9. d) A todos los anteriores.

10. c) Cinco años, sin posibilidad de renovación.

11. b) El conjunto de acciones que desarrollan las autoridades públicas para influir en la vida de los ciudadanos.

12. d) Derecho a la igualdad ante la ley.

13. a) La discriminación de género u orientación sexual.

14. d) Derecho a la educación pública de calidad.

15. b) El acceso a la protección integral de la salud.

Régimen Jurídico de los Empleados Públicos

GRUPO III

TEST N.º 1

El Estatuto Básico del Empleado Público

1. Según el artículo 1.3. del Texto Refundido de la Ley del Estatuto Básico del Empleado Público, uno de los fundamentos de actuación reflejados por el EBEP es el servicio a los ciudadanos y:

a) A los intereses generales.
b) Al ordenamiento jurídico.
c) Al bienestar general.
d) A la Administración Pública.

2. Se regirá por la legislación específica dictada por el Estado y por las comunidades autónomas en el ámbito de sus respectivas competencias y por lo previsto en el EBEP, excepto el capítulo II del título III (salvo el artículo 20), y los artículos 22.3, 24 y 84:

a) El personal funcionario de las Universidades Públicas.
b) El personal funcionario y en lo que proceda el personal laboral al servicio de las Administraciones de las entidades locales.
c) El personal estatutario de los servicios de salud.
d) El personal funcionario y laboral al servicio de las Administraciones de las comunidades autónomas.

3. El Estatuto Básico del Empleado Público tendrá carácter supletorio:

a) Para el personal laboral al servicio de las Administraciones de las comunidades autónomas.
b) Para el personal docente.
c) Para el personal estatutario de los servicios de salud.
d) Para todo el personal de las Administraciones Públicas no incluido en su ámbito de aplicación.

4. El EBEP contiene:

a) Aquello que es común al conjunto de los empleados públicos de todas las Administraciones Públicas.

b) Las normas legales específicas aplicables a los empleados públicos de todas las Administraciones Públicas.

c) Aquello que es común al conjunto de los funcionarios de todas las Administraciones Públicas, más las normas legales específicas aplicables al personal laboral a su servicio.

d) Aquello que es común al conjunto del personal laboral de todas las Administraciones Públicas, más las normas legales específicas aplicables al personal funcionario a su servicio.

5. Señalar la respuesta incorrecta. La designación de personal directivo:

a) Atenderá a principios de mérito y capacidad.

b) Se llevará a cabo mediante procedimientos que garanticen la publicidad y concurrencia.

c) Supone la adquisición de la condición de personal eventual.

d) Atenderá a criterios de idoneidad.

6. En relación con el personal eventual, es cierto que:

a) Será retribuido con cargo a los créditos presupuestarios consignados para el personal funcionario.

b) La condición de personal eventual constituirá mérito en la fase de concurso para el acceso a la Función Pública.

c) Su cese tendrá lugar, en todo caso, cuando se produzca el de la autoridad a la que se preste la función de confianza o asesoramiento.

d) La condición de personal eventual computará como mérito para la promoción interna.

7. Corresponden en exclusiva a los funcionarios públicos, en los términos que en la ley de desarrollo de cada Administración Pública se establezca, el ejercicio de funciones:

a) Directivas.

b) Que impliquen la participación directa o indirecta en el ejercicio de las potestades públicas.

c) Del ámbito militar, de la Justicia o de la Hacienda Pública.

d) Que impliquen la participación directa (no la indirecta), en la salvaguardia de los intereses generales del Estado.

8. Las leyes de Función Pública que se dicten en desarrollo del EBEP podrán prever el nombramiento de personal interino para la ejecución de programas de carácter temporal con una duración de hasta:

a) 2 años.

b) 3 años.

c) 4 años.

d) 5 años.

9. Completar la siguiente frase. Según el artículo 8 del Texto Refundido de la Ley del Estatuto Básico del Empleado Público, aprobado por el Real Decreto Legislativo 5/2015, de 30 de octubre, son empleados públicos quienes desempeñan funciones .... en las Administraciones Públicas al servicio de los intereses generales:

a) Directivas.
b) Exclusivas.
c) Administrativas.
d) Retribuidas.

10. Según el artículo 9.1 del EBEP, es una característica del funcionario de carrera el desempeño de servicios profesionales retribuidos de carácter:

a) Permanente.
b) Público.
c) Administrativo.
d) Autoritario.

11. El número de puestos cubiertos por personal eventual:

a) Es indefinido e ilimitado.
b) Está limitado por un máximo establecido por los respectivos órganos de gobierno.
c) Está limitado a tres por cada órgano superior de la Administración Pública.
d) No puede hacerse público, puesto que se trata de personal de confianza.

12. En relación al personal eventual, el EBEP dispone que:

a) El número máximo de este tipo de personal se establecerá por ley de las Cortes Generales o de las Asambleas legislativas de las Comunidades Autónomas.
b) El cese de este personal no va ligado, en ningún caso, al de la autoridad a la que se preste la función de confianza o asesoramiento.
c) La condición de personal eventual constituye mérito para el acceso a la Función Pública y para la promoción interna.
d) Este personal solo realiza funciones expresamente calificadas como de confianza o asesoramiento especial.

13. Los funcionarios interinos serán nombrados por razones expresamente justificadas de necesidad y:

a) Economía.
b) Eficacia.
c) Urgencia.
d) Calidad.

14. A tenor del artículo 14 del EBEP los empleados públicos tienen derecho:

a) A la inamovilidad en la condición de funcionario de carrera.

b) A la formación continua y a la actualización permanente de sus conocimientos y capacidades profesionales, preferentemente fuera del horario laboral.

c) A la libertad de expresión, sin restricción alguna.

d) A participar en la consecución de los objetivos atribuidos a la unidad donde preste sus servicios y a ser consultado por sus superiores por las tareas a desarrollar.

15. Conforme al EBEP, los funcionarios públicos tendrán un permiso por enfermedad grave de un familiar dentro del primer grado de consanguinidad o afinidad, de:

a) Dos días hábiles.

b) Tres días hábiles.

c) Cuatro días hábiles.

d) Cinco días hábiles.

En MADTEST tienes **más preguntas de este tema**, y todos tus avances quedan registrados y se reflejan en el ranking.

¡Supera tus límites con MADTEST!

Solución al test n.º 1

1. a) A los intereses generales.

2. c) El personal estatutario de los servicios de salud.

3. d) Para todo el personal de las Administraciones Públicas no incluido en su ámbito de aplicación.

4. c) Aquello que es común al conjunto de los funcionarios de todas las Administraciones Públicas, más las normas legales específicas aplicables al personal laboral a su servicio.

5. c) Supone la adquisición de la condición de personal eventual.

6. c) Su cese tendrá lugar, en todo caso, cuando se produzca el de la autoridad a la que se preste la función de confianza o asesoramiento.

7. b) Que impliquen la participación directa o indirecta en el ejercicio de las potestades públicas.

8. c) 4 años.

9. d) Retribuidas.

10. a) Permanente.

11. b) Está limitado por un máximo establecido por los respectivos órganos de gobierno.

12. d) Este personal solo realiza funciones expresamente calificadas como de confianza o asesoramiento especial.

13. c) Urgencia.

14. a) A la inamovilidad en la condición de funcionario de carrera.

15. d) Cinco días hábiles.

TEST N.º 2

La Ley de la Función Pública de Castilla y León

1. ¿Cuál de las siguientes opciones se corresponde con uno de los principios y criterios informadores por los que se ordena la Función Pública de la Administración de la Comunidad de Castilla y León, según el artículo 3 de la Ley 7/2005?

a) Profesionalización de la carrera administrativa.
b) Transparencia.
c) Evaluación y responsabilidad en la gestión.
d) Jerarquía en la atribución, ordenación y desempeño de las funciones y tareas.

2. Según el artículo 22 de la Ley 7/2005, es el instrumento de coordinación entre la estructura de la función pública y las decisiones presupuestarias:

a) La oferta de empleo público.
b) El catálogo de puestos tipo.
c) La plantilla de personal funcionario y laboral.
d) La relación de puestos de trabajo.

3. En relación al personal eventual, la Ley 7/2005 dispone que:

a) El número máximo de este tipo de personal se establecerá por ley de las Cortes de Castilla y León.
b) El cese de este personal no va ligado, en ningún caso, al de la autoridad a la que se preste la función de confianza o asesoramiento.
c) La condición de personal eventual constituye mérito para el acceso a la Función Pública y para la promoción interna.
d) Este personal solo realiza funciones expresamente calificadas como de confianza o asesoramiento especial.

4. Según el artículo 18 de la Ley 7/2005, la planificación de los recursos humanos de la Administración de la Comunidad de Castilla y León tendrá por objeto lograr su adecuada dimensión, distribución y .... para la mejora en la prestación de los servicios. Señalar la palabra que falta:

a) Capacitación.
b) Fiabilidad.

c) Financiación.
d) Ordenación.

5. La creación, modificación y supresión de los puestos de trabajo se realizará a través de:

a) Las plantillas de personal.
b) La relación de puestos de trabajo.
c) La oferta pública de empleo.
d) La Ley de Presupuestos.

6. En relación al Registro General de Personal de la Comunidad de Castilla y León, es cierto que:

a) Incluirá a los funcionarios de la administración local.
b) Su organización y funcionamiento se determinarán por Decreto de la Junta de Castilla y León.
c) En él figurarán todo tipo de datos, incluso datos relativos a la raza, opinión o religión.
d) No se permite al personal el acceso a su expediente individual, ni a los datos de su vida administrativa que figuren inscritos.

7. Según el artículo 22 de la Ley 7/2005, la plantilla de personal funcionario y laboral de la Administración de Castilla y León debe responder a los principios de racionalidad, eficiencia y:

a) Transparencia.
b) Capacidad.
c) Economía.
d) Objetividad.

8. Las relaciones de puestos de trabajo y sus modificaciones se aprobarán por:

a) La Junta de Castilla y León, a propuesta de la Consejería competente en materia de función pública.
b) La Consejería competente en materia de función pública, a propuesta de la correspondiente Consejería.
c) Las correspondientes Consejerías, previo informe de la Consejería competente en materia de hacienda.
d) La Consejería competente en materia de función pública, previo informe de la Consejería competente en materia de hacienda.

9. La Administración de la Comunidad de Castilla y León se estructura a través de los siguientes instrumentos organizativos:

a) Las relaciones de puestos de trabajo, el registro general de personal y el catálogo de puestos tipo del personal funcionario.
b) Las relaciones de puestos de trabajo y la plantilla.

c) La plantilla y el registro general de personal.

d) La plantilla, el catálogo de puestos tipo del personal funcionario y las relaciones de puestos de trabajo.

10. Según el artículo 6 de la Ley 7/2005, de 24 de mayo, de la Función Pública de Castilla y León, corresponde en particular a la Junta de Castilla y León:

a) Aprobar la oferta de empleo público.

b) La resolución de los expedientes sobre incompatibilidades del personal al servicio de la Administración de la Comunidad de Castilla y León.

c) Reconocer las situaciones administrativas de los funcionarios.

d) Reconocer la adquisición y cambio de grado personal.

11. Cuál es el órgano superior colegiado de coordinación, en materia de función pública, entre la Administración de la Comunidad de Castilla y León y la Administración Local:

a) El Comité Interadministrativo de Castilla y León.

b) La Delegación Interadministrativa Regional de Función Pública.

c) La Comisión Regional de la Función Pública.

d) La Junta Regional de Función Pública.

12. Corresponde establecer la jornada de trabajo en la Administración de Castilla y León:

a) A la Junta de Castilla y León.

b) Al Consejero competente en materia de Función Pública.

c) Al Consejo de la Función Pública.

d) A la Comisión Regional de la Función Pública.

13. Es una función del Consejo de la Función Pública:

a) Informar los planes de empleo antes de su aprobación por la Junta de Castilla y León.

b) La coordinación, en materia de función pública, entre la Administración de la Comunidad de Castilla y León y la Administración Local.

d) Otorgar los premios, recompensas y distinciones que reglamentariamente se determinen.

14. Corresponde el reconocimiento de la adquisición y cambio de grado personal:

a) A la Junta de Castilla y León.

b) Al Consejero competente en materia de Función Pública.

c) Al Consejo de la Función Pública.

d) A la Comisión Regional de la Función Pública.

15. Para poder participar en los concursos para la provisión de puestos de trabajo de la Administración de la Comunidad Autónoma de Castilla y León, los funcionarios de carrera deberán acreditar una permanencia de en el puesto de trabajo obtenido con carácter definitivo, de:

a) 2 años.
b) 3 años.
c) 4 años.
d) 5 años.

En MADTEST tienes **más preguntas de este tema**, y todos tus avances quedan registrados y se reflejan en el ranking.

¡Supera tus límites con MADTEST!

Solución al test n.º 2

1. a) Profesionalización de la carrera administrativa.

2. c) La plantilla de personal funcionario y laboral.

3. d) Este personal solo realiza funciones expresamente calificadas como de confianza o asesoramiento especial.

4. a) Capacitación.

5. b) La relación de puestos de trabajo.

6. b) Su organización y funcionamiento se determinarán por Decreto de la Junta de Castilla y León.

7. c) Economía.

8. a) La Junta de Castilla y León, a propuesta de la Consejería competente en materia de función pública.

9. b) Las relaciones de puestos de trabajo y la plantilla.

10. a) Aprobar la oferta de empleo público.

11. c) La Comisión Regional de la Función Pública.

12. a) A la Junta de Castilla y León.

13. a) Informar los planes de empleo antes de su aprobación por la Junta de Castilla y León.

14. b) Al Consejero competente en materia de Función Pública.

15. a) 2 años.

TEST N.º 3

El derecho de sindicación y de huelga. Régimen de incompatibilidades

1. La libertad sindical comprende:

a) El derecho a fundar sindicatos, previa autorización del Ministerio del Interior.
b) La obligación a afiliarse a algún sindicato.
c) El derecho del trabajador a afiliarse al sindicato de su elección.
d) El derecho a coartar el libre ejercicio del derecho de huelga.

2. El comité de huelga se compone de:

a) No más de 12 trabajadores del centro de trabajo en conflicto.
b) 12 trabajadores del centro de trabajo en conflicto.
c) No menos de 12 trabajadores del centro de trabajo en conflicto.
d) Entre 10 y 15 trabajadores del centro de trabajo en conflicto.

3. En relación con el derecho de huelga, es cierto que:

a) El empresario podrá sustituir temporalmente a los huelguistas durante la huelga.
b) El trabajador en huelga tendrá derecho a la prestación por desempleo.
c) Durante la huelga el trabajador causa baja en la Seguridad Social.
d) Durante la huelga el trabajador se mantiene en situación de "alta especial".

4. Los órganos específicos de representación de los funcionarios de la Administración de Castilla y León son:

a) Los Delegados de Centro y las Juntas Generales.
b) Los Delegados Laborales.
c) Los Delegados de Personal y las Juntas de Personal.
d) Los Síndicos y los Comités de Centro.

5. Conforme al artículo 101 de la Ley 7/2005, las Juntas de Personal y los Delegados de Personal tienen, en sus respectivos ámbitos, la facultad de recibir información sobre la política de personal que les será facilitada:

a) Mensualmente.
b) Bimestralmente.
c) Trimestralmente.
d) Semestralmente.

6. La composición numérica de las Mesas de Negociación se determinará de mutuo acuerdo entre las partes sin que ninguna de ellas pueda superar el número de:

a) 6 miembros.
b) 10 miembros.
c) 12 miembros.
d) 14 miembros.

7. Según el artículo 108 de la Ley 7/2005, en los Pactos y Acuerdos adoptados en las Mesas de negociación podrán establecerse, con funciones de vigilancia, interpretación, conciliación y resolución de conflictos derivados de la aplicación e interpretación de lo acordado:

a) Comisiones de seguimiento.
b) Comités técnicos.
c) Consejos de mediación.
d) Juntas de resolución de conflictos.

8. El deber de negociar y las relaciones entre los representantes de los funcionarios y la Administración de la Comunidad se inspirarán en el principio de:

a) El interés general.
b) Representación equilibrada.
c) Reconocimiento mutuo.
d) Buena fe.

9. En la Administración de la Comunidad de Castilla y León, el reglamento de una Junta de Personal y sus modificaciones deberán ser aprobados por los votos favorables de, al menos:

a) La mayoría simple de sus miembros.
b) La mayoría absoluta de sus miembros.
c) Tres quintos de sus miembros.
d) Dos tercios de sus miembros.

10. En la Administración de la Comunidad de Castilla y León, la Mesa General de Negociación y las Mesas Sectoriales se reunirán, al menos:

a) Una vez al mes.
b) Una vez al trimestre.
c) Una vez al semestre.
d) Una vez al año.

11. En relación con las competencias de la Administración de Castilla y León, NO existe obligación de negociación colectiva en materia de:

a) Clasificación de puestos de trabajo.
b) Preparación y diseño de los planes de oferta de empleo.
c) Ejercicio de los derechos de los ciudadanos ante los funcionarios públicos.
d) Sistemas de ingreso, provisión y promoción profesional de los funcionarios públicos.

12. En relación con las competencias de la Administración de Castilla y León, NO existe obligación de negociación colectiva en materia de:

a) Potestades de organización de la Administración.
b) Medidas sobre salud laboral.
c) Determinación de los programas y fondos para la acción de promoción interna, formación y perfeccionamiento.
d) Determinación y aplicación de las retribuciones de los funcionarios públicos.

13. Serán objeto de negociación, en su ámbito respectivo y en relación con las competencias de la Administración de Castilla y León y con el alcance que legalmente proceda en cada caso:

a) Las normas que fijen los criterios generales en materia de acceso, carrera, provisión, sistemas de clasificación de puestos de trabajo, y planes e instrumentos de planificación de recursos humanos.
b) Las decisiones de las Administraciones Públicas que afecten a sus potestades de organización.
c) La regulación del ejercicio de los derechos de los ciudadanos y de los usuarios de los servicios públicos, así como el procedimiento de formación de los actos y disposiciones administrativas.
d) La regulación y determinación concreta, en cada caso, de los sistemas, criterios, órganos y procedimientos de acceso al empleo público y la promoción profesional.

14. En relación con los Pactos y Acuerdos de las Mesas de Negociación, NO es cierto que:

a) Los Pactos se celebrarán sobre materias que se correspondan estrictamente con el ámbito competencial del órgano administrativo que lo suscriba y vincularán directamente a las partes.
b) Los Acuerdos versarán sobre materias competencia de la Junta de Castilla y León. Para su validez y eficacia será necesaria la aprobación expresa y formal de aquella.

c) Si los Acuerdos ratificados tratan sobre materias sometidas a reserva de ley que, en consecuencia, solo pueden ser determinadas definitivamente por las Cortes de Castilla y León, su contenido conservará eficacia directa mientras no sean rechazados.

d) Los Pactos y Acuerdos deberán establecer las partes intervinientes, el ámbito personal, funcional, territorial y temporal, así como el plazo de vigencia.

15. Según el artículo 101 de la Ley 7/2005, las Juntas de Personal y los Delegados de personal tendrán, en sus respectivos ámbitos, la siguiente facultad:

a) Ser informados de todas las sanciones impuestas por todo tipo de faltas.

b) Remuneraciones percibidas por cada funcionario.

c) Emitir informe, a solicitud de la Administración, sobre régimen de permisos, vacaciones y licencias.

d) Tener conocimiento y ser oídos en materia de establecimiento de la jornada laboral y horario de trabajo.

En MADTEST tienes **más preguntas de este tema**, y todos tus avances quedan registrados y se reflejan en el ranking.

¡Supera tus límites con MADTEST!

Solución al test n.º 3

1. c) El derecho del trabajador a afiliarse al sindicato de su elección.

2. a) No más de 12 trabajadores del centro de trabajo en conflicto.

3. d) Durante la huelga el trabajador se mantiene en situación de "alta especial".

4. c) Los Delegados de Personal y las Juntas de Personal.

5. c) Trimestralmente.

6. c) 12 miembros.

7. a) Comisiones de seguimiento.

8. d) Buena fe.

9. d) Dos tercios de sus miembros.

10. d) Una vez al año.

11. c) Ejercicio de los derechos de los ciudadanos ante los funcionarios públicos.

12. a) Potestades de organización de la Administración.

13. a) Las normas que fijen los criterios generales en materia de acceso, carrera, provisión, sistemas de clasificación de puestos de trabajo, y planes e instrumentos de planificación de recursos humanos.

14. c) Si los Acuerdos ratificados tratan sobre materias sometidas a reserva de ley que, en consecuencia, solo pueden ser determinadas definitivamente por las Cortes de Castilla y León, su contenido conservará eficacia directa mientras no sean rechazados.

15. d) Tener conocimiento y ser oídos en materia de establecimiento de la jornada laboral y horario de trabajo.

TEST N.º 4

El personal laboral al servicio de las Administraciones Públicas: Régimen jurídico. El contrato de trabajo en la Administración Pública: modalidades. El convenio colectivo para el personal laboral de la Administración General de la Comunidad de Castilla y León y organismos autónomos dependientes de esta: ámbito de aplicación, clasificación profesional y retribuciones

1. El Texto Refundido de la Ley del Estatuto de los Trabajadores, se aprobó por:

a) Decreto Legislativo 3/2013, de 27 de enero.
b) Real Decreto Legislativo 2/2015, de 23 de octubre.
c) Real Decreto Legislativo 7/2010, de 22 de junio.
d) Decreto Legislativo 9/2014, de 2 de marzo.

2. Los órganos de selección del personal laboral al servicio de las Administraciones Públicas serán colegiados y su composición deberá ajustarse a los principios de:

a) Imparcialidad y profesionalidad de sus miembros.
b) Representatividad y homogeneidad.
c) Publicidad y transparencia.
d) Eficacia, participación y economía.

3. ¿Cuál de los siguientes no es un sistema de selección de personal laboral fijo en la Administración Pública?

a) Transferencia o cesión.
b) Oposición.
c) Concurso-oposición.
d) Concurso de valoración de méritos.

4. Según el artículo 11.3 del TR-LEBEP, los procedimientos de selección del personal laboral serán públicos, rigiéndose en todo caso por los principios de igualdad, mérito y capacidad. En el caso del personal laboral temporal se regirá igualmente por el principio de:

a) Oportunidad.
b) Economía.

c) Necesidad.
d) Celeridad.

5. Según el artículo 57.4 del TR-LEBEP, los extranjeros con residencia legal en España podrán acceder a las Administraciones Públicas, como personal laboral:

a) Al igual que como personal funcionario.
b) En igualdad de condiciones que los españoles.
c) Cuando así lo disponga una ley de las Cortes Generales o de las asambleas legislativas de las comunidades autónomas.
d) Cuando no hubieran superado las pruebas de acceso suficientes españoles.

6. ¿Cuál de las siguientes respuestas es correcta, según el Estatuto de los Trabajadores?

a) La prestación de servicios ha de ser voluntaria.
b) El Estatuto de los Trabajadores admite la prestación de servicios obligatoria, si existe causa justificada para ello.
c) La prestación de servicios puede ser obligatoria, siempre que esté previsto por el Convenio colectivo aplicable.
d) La prestación de servicios puede ser forzosa.

7. Respecto de la ajenidad en el contrato de trabajo:

a) Los servicios retribuidos se prestan por cuenta ajena.
b) No existe ninguna disposición legal que vincule la ajenidad al contrato de trabajo.
c) En el contrato de trabajo, fruto de la libertad de contratación, se puede pactar libremente que los servicios se presten por cuenta ajena o por cuenta propia.
d) Cabe la posibilidad de prescindir de la misma, haciendo suyos por el trabajador los frutos del trabajo.

8. ¿Quiénes son los sujetos del contrato de trabajo?

a) El representante del empresario y el trabajador.
b) El trabajador y el empresario, siempre que éste sea una persona física.
c) El empresario y el trabajador.
d) El empresario, el trabajador y la Seguridad Social.

9. ¿Cuál de las siguientes relaciones laborales no se encuentran excluidas del Estatuto de los Trabajadores?

a) Los trabajos realizados a título de amistad, benevolencia o buena vecindad.
b) La actividad que se limite, pura y simplemente al mero desempeño del cargo de consejero o miembro de los órganos de administración en las empresas que revistan la forma jurídica de sociedad y siempre que su actividad en la empresa solo comporte la realización de cometidos inherentes a tal cargo.

c) La relación laboral de los altos directivos de empresas.
d) Todas se encuentran excluidas del Estatuto de los Trabajadores.

10. Según el artículo 17.4 del Estatuto de los Trabajadores, la negociación colectiva podrá establecer medidas de acción .... para favorecer el acceso de las mujeres a todas las profesiones. A tal efecto podrá establecer reservas y preferencias en las condiciones de contratación de modo que, en igualdad de condiciones de idoneidad, tengan preferencia para ser contratadas las personas del sexo menos representado en el grupo profesional de que se trate. ¿Qué palabra falta en la frase?

a) Preferente.
b) Prioritaria.
c) Positiva.
d) Urgente.

11. Según el artículo 18 del Estatuto de los Trabajadores, solo podrán realizarse registros sobre la persona del trabajador, en sus taquillas y efectos particulares:

a) Cuando sean necesarios para la protección del patrimonio empresarial y del de los demás trabajadores de la empresa, dentro del centro de trabajo y en horas que no hayan trabajadores en el centro.
b) Sólo cuando sean necesarios para la protección del patrimonio de los demás trabajadores de la empresa, dentro del centro de trabajo y en horas que no hayan trabajadores en el centro.
c) Cuando sean necesarios para la protección del patrimonio empresarial y del de los demás trabajadores de la empresa, dentro del centro de trabajo y en horas de trabajo.
d) En ningún caso podrán realizarse registros sobre la persona del trabajador, en sus taquillas o efectos particulares

12. Según el artículo 19.5 del Estatuto de los Trabajadores, los delegados de prevención y, en su defecto, los representantes legales de los trabajadores en el centro de trabajo, que aprecien una probabilidad seria y grave de accidente por la inobservancia de la legislación aplicable en la materia, requerirán al empresario por escrito para que adopte las medidas oportunas que hagan desaparecer el estado de riesgo; si la petición no fuese atendida en un plazo de .... días, se dirigirán a la autoridad competente; esta, si apreciase las circunstancias alegadas, mediante resolución fundada, requerirá al empresario para que adopte las medidas de seguridad apropiadas o que suspenda sus actividades en la zona o local de trabajo o con el material en peligro. ¿Qué palabra falta en la frase?

a) 4 días.
b) 7 días.
c) 10 días.
d) 15 días.

13. Según el artículo 20.4 del Estatuto de los Trabajadores, el empresario podrá verificar el estado de salud del trabajador que sea alegado por este para justificar sus faltas de asistencia al trabajo, mediante reconocimiento a cargo de personal médico. La negativa del trabajador a dichos reconocimientos:

a) Determinará la suspensión indefinida de los derechos económicos del trabajador hasta que este se someta al oportuno reconocimiento.

b) Podrá determinar la suspensión de los derechos económicos que pudieran existir a cargo del empresario por dichas situaciones.

c) Supondrá suspensión de empleo y sueldo por un período entre tres y diez días.

d) En ningún caso podrá suponer suspensión alguna de derechos económicos del trabajador.

14. Cuando el trabajador haya recibido una especialización profesional con cargo al empresario para poner en marcha proyectos determinados o realizar un trabajo específico, podrá pactarse entre ambos la permanencia en dicha empresa durante cierto tiempo. El acuerdo se formalizará siempre por escrito y no podrá tener una duración superior a:

a) Un año.
b) Dos años.
c) Tres años.
d) Cuatro años.

15. El pacto de no competencia entre el empresario y el trabajador, no podrá tener, en el caso de personal no técnico, una duración superior a:

a) Cuatro años.
b) Dos años.
c) Un año.
d) Seis meses.

En MADTEST tienes **más preguntas de este tema**, y todos tus avances quedan registrados y se reflejan en el ranking.

¡Supera tus límites con MADTEST!

Solución al test n.º 4

1. b) Real Decreto Legislativo 2/2015, de 23 de octubre.

2. a) Imparcialidad y profesionalidad de sus miembros.

3. a) Transferencia o cesión.

4. d) Celeridad.

5. b) En igualdad de condiciones que los españoles.

6. a) La prestación de servicios ha de ser voluntaria.

7. a) Los servicios retribuidos se prestan por cuenta ajena.

8. c) El empresario y el trabajador.

9. c) La relación laboral de los altos directivos de empresas.

10. c) Positiva.

11. c) Cuando sean necesarios para la protección del patrimonio empresarial y del de los demás trabajadores de la empresa, dentro del centro de trabajo y en horas de trabajo.

12. a) 4 días.

13. b) Podrá determinar la suspensión de los derechos económicos que pudieran existir a cargo del empresario por dichas situaciones.

14. b) Dos años.

15. d) Seis meses.

TEST N.º 5

El Texto Refundido de la Ley General de la Seguridad Social: Disposiciones generales sobre el campo de aplicación y estructura del sistema de la Seguridad Social. Acción protectora: disposiciones generales

1. En el nivel no contributivo de Seguridad Social se encuentran:

a) Todos los trabajadores por cuenta ajena.
b) Todas las personas, sean o no trabajadoras, cualquiera que sea su situación.
c) Todas las personas que, sin estar realizando una prestación de servicios, reúnen una serie de requisitos.
d) Los trabajadores por cuenta ajena y por cuenta propia.

2. Los requisitos para acceder al nivel no contributivo del Sistema:

a) No hay requisitos.
b) Ser nacional español.
c) Residencia legal en España.
d) La anterior y la insuficiencia de recursos económicos en una cuantía determinada.

3. ¿Cuál de las siguientes afirmaciones es cierta?

a) A todos los efectos de Seguridad Social, la situación de un nacional de la Unión Europea se equipara con la de un nacional español.
b) Los extranjeros -se encuentren en la situación en la que se hallen- son tratados en iguales condiciones que los nacionales.
c) Para acceder a una prestación de nivel no contributivo, basta con residir en España en el momento de la solicitud.
d) La anterior, siempre que se sea español, nacional de la UE o extranjero en situación de regularidad.

4. Un extranjero que haya estado 7 años y de los cuales solo 1 en situación de regularidad, ¿cuánto tiempo puede acreditar a los efectos de solicitar una prestación del nivel no contributivo?

a) 7 años.
b) 1 año.

c) Depende, porque si estuvo trabajando antes, el número de años que a estos efectos se computa coincide con el de prestación de servicios.

d) Depende de la resolución que al efecto dicte la Dirección Provincial del INSS.

5. ¿Cuál de las siguientes afirmaciones en relación a los extranjeros en situación de residencia irregular es verdadera?

a) No tienen ningún tipo de protección en materia de asistencia sanitaria.

b) Tienen protección en materia de asistencia sanitaria.

c) No están protegidos frente a los accidentes de trabajo.

d) No tienen ningún derecho.

6. El Convenio número 19 de la OIT protege a los extranjeros, aun en situación de irregularidad:

a) Frente a los accidentes de trabajo.

b) Frente al desempleo.

c) Frente a las anteriores contingencias.

d) Este Convenio no versa sobre este colectivo.

7. El nivel contributivo de la Seguridad Social:

a) Ampara a todos: extranjeros o no, con independencia de su situación siempre que estén desarrollando una actividad prestacional.

b) Los requisitos son los relativos a la nacionalidad y residencia.

c) La b) y el requisito de profesionalidad.

d) La c), entendiendo que se exige un periodo de residencia en España durante un determinado lapso.

8. Estructura del Sistema de la Seguridad Social en su nivel contributivo:

a) El Régimen General de la Seguridad Social y el no contributivo.

b) El Régimen General de la Seguridad Social y diferentes Regímenes Especiales.

c) El Régimen General de la Seguridad Social y los Sistemas Especiales.

d) Dentro del Régimen General de la Seguridad Social se estructuran en diferentes Sistemas Especiales.

9. Son Regímenes Especiales de la Seguridad Social:

a) El Régimen Especial de Trabajadores Autónomos.

b) El Régimen Especial de Artistas.

c) El Régimen Especial de Toreros.

d) Todos los anteriores.

10. Ataulfo es delantero de un club de fútbol de primera división. En atención a su actividad se encontraría:

a) Fuera del Sistema.
b) En el Régimen General de la Seguridad Social.
c) En el Régimen Especial de la Seguridad Social de Deportistas Profesionales.
d) En el Régimen Especial de Trabajadores Autónomos.

11. Alberto es empleado de hogar. Alberto se encontraría en atención a su prestación de servicios:

a) En el Régimen General de la Seguridad Social.
b) En el Régimen General de la Seguridad Social y, a su vez, en el Sistema Especial de Empleados de Hogar.
c) En el Régimen Especial de Trabajadores Autónomos.
d) En el RETA y, a su vez, en un Sistema Especial.

12. De los siguientes, ¿qué tipo de prestación de servicios daría lugar a un Régimen Especial de Seguridad Social?

a) El de Trabajadores del Campo.
b) El anterior y el de Empleados de Hogar.
c) Los anteriores y los escritores de libros.
d) Los trabajadores del mar.

13. Los socios trabajadores de sociedades capitales no estarían incluidos en el Régimen General de la Seguridad Social, si tuvieran el control de la Sociedad. A estos efectos se entiende que tiene el control cuando la participación en el capital social de este sea de, al menos:

a) La quinta parte.
b) La tercera parte.
c) La sexta parte.
d) No existe regulada ninguna presunción. El control habrá de ser probado, en cualquier caso.

14. Un consejero o administrador de una sociedad de capital que no tiene el control sobre esta, se encuentra incluido en:

a) RETA.
b) Depende.
c) RGSS.
d) Ambos: RGSS y RETA.

15. Está incluido en el RGSS:

a) El Registrador de la Propiedad.
b) El auxiliar administrativo que trabaja para un banco.
c) Trabajadores que realizan operaciones de manipulación del plátano.
d) Las opciones b) y c) son correctas.

En MADTEST tienes **más preguntas de este tema**, y todos tus avances quedan registrados y se reflejan en el ranking.

¡Supera tus límites con MADTEST!

Solución al test n.º 5

1. c) Todas las personas que, sin estar realizando una prestación de servicios, reúnen una serie de requisitos.

2. d) La anterior y la insuficiencia de recursos económicos en una cuantía determinada.

3. a) A todos los efectos de Seguridad Social, la situación de un nacional de la Unión Europea se equipara con la de un nacional español.

4. b) 1 año.

5. b) Tienen protección en materia de asistencia sanitaria.

6. a) Frente a los accidentes de trabajo.

7. c) La b) y el requisito de profesionalidad (es decir: nacionalidad, residencia y actividad profesional).

8. b) El Régimen General de la Seguridad Social y diferentes Regímenes Especiales.

9. a) El Régimen Especial de Trabajadores Autónomos.

10. b) En el Régimen General de la Seguridad Social.

11. b) En el Régimen General de la Seguridad Social y, a su vez, en el Sistema Especial de Empleados de Hogar.

12. d) Los trabajadores del mar.

13. b) La tercera parte.

14. c) RGSS.

15. d) Las opciones b) y c) son correctas.

Gestión Financiera

GRUPO IV

TEST N.º 1

El presupuesto: concepto y principios presupuestarios. Clases de presupuestos. El presupuesto de la Comunidad de Castilla y León: principios de programación y de gestión. Contenido, estructura y elaboración de los presupuestos generales de la Comunidad. Clasificaciones presupuestarias

1. Según el artículo 134.3 de la CE, el Gobierno deberá presentar ante el Congreso de los Diputados los Presupuestos Generales del Estado al menos:

a) 2 meses después de elaborar el proyecto.
b) 3 meses después de elaborar el proyecto.
c) 3 meses antes de la expiración de los del año anterior.
d) Ninguna de las anteriores respuesta es correcta.

2. Según la CE, corresponde a las Cortes Generales:

a) El examen de los PGE.
b) La elaboración de los PGE.
c) La sanción de los PGE.
d) Ninguna de las respuestas es correcta.

3. Los Presupuestos contienen:

a) Una previsión de los gastos a atender en un período de tiempo.
b) Una previsión de ingresos.
c) Una estimación de gastos e ingresos.
d) Los gastos que se prevén en el ejercicio y un resumen de lo aplicado en el ejercicio anterior.

4. Al decir que el Presupuesto es una previsión normativa, entendemos que:

a) Se trata de una estimación de gastos e ingresos del ejercicio.
b) Se trata de un plan financiero.
c) Supone un equilibrio contable entre gastos e ingresos.
d) Las respuestas a) y b) son correctas.

5. Son características del Presupuesto:

a) El equilibrio contable entre gastos e ingresos.
b) Se expresa en lenguaje contable.
c) Es un acto de previsión.
d) Todas las respuestas son correctas.

6. Podemos clasificar los Presupuestos:

a) Por Objetivos.
b) Por Sistemas.
c) En Base Cero.
d) Las respuestas a) y c) son correctas.

7. El Presupuesto por funciones tiene por objeto:

a) Ordenar el gasto de acuerdo con una clasificación por funciones de las actividades públicas.
b) Se pueden establecer comparaciones del comportamiento del sector público en el espacio y en el tiempo.
c) Informar con brevedad y claridad sobre los propósitos perseguidos.
d) Todas las respuestas son correctas.

8. De acuerdo con el artículo 134.1 de la CE:

a) Corresponde a las Cortes el examen y aprobación de los PGE.
b) Corresponde al Gobierno la enmienda al Proyecto.
c) Corresponde al Senado el debate del Presupuesto en materia de financiación autonómica.
d) Corresponde a las Cortes la redacción y formación del Presupuesto.

9. La Ley General Presupuestaria vigente es la:

a) 58/2003.
b) 47/2003.
c) 2/2014.
d) Ninguna de las respuestas es correcta.

10. El PPBS se define:

a) Como un presupuesto que expone los programas de acción de cada Centro o Unidad Administrativa, indicando cada uno su dotación monetaria en recursos humanos y materiales que necesita.
b) La presentación de un plan de gasto o ingresos justificados de sus departamentos o centros.
c) Un sistema que obliga a cada centro a justificar las peticiones de gastos efectuados.
d) Como un tipo de presupuesto, cuya existencia se debe a Musgrave.

11. Los fines del PPBS son:

a) Analizar los objetivos.
b) Medir los costes totales de los programas.
c) Las respuestas a) y b) son correctas.
d) Es correcta la respuesta b), y analizar el producto de un programa determinado en función de sus objetivos.

12. La estructura del PPBS se basa en:

a) Capítulos de programas.
b) Subcategorías de programas.
c) Sistemas de programas.
d) Subsistemas de programas.

13. Son funciones del PPBS:

a) Permitir un control de recursos, aunque puede producir cierto despilfarro.
b) Estimular la mejora de la gestión y el control presupuestario.
c) La generalización en la elección de los programas.
d) Establecer un marco de conflicto entre los órganos gestores e interventores.

14. Los objetivos del PPBS son:

a) La adecuación de sus prioridades.
b) Justificar las peticiones de recursos.
c) Infomar con brevedad y claridad a los contribuyentes sobre los propósitos perseguidos.
d) Todas las respuestas son correctas.

15. Son fases del PPBS:

a) La estructuración, programación y ejecución.
b) El control, programación y presupuestación.
c) La planificación, ponderación de gastos y fiscalización.
d) La planificación, presupuestación y control.

En MADTEST tienes **más preguntas de este tema**, y todos tus avances quedan registrados y se reflejan en el ranking.

¡Supera tus límites con MADTEST!

143

Solución al test n.º 1

1. c) 3 meses antes de la expiración de los del año anterior.

2. a) El examen de los PGE.

3. c) Una estimación de gastos e ingresos.

4. d) Las respuestas a) y b) son correctas.

5. d) Todas las respuestas son correctas.

6. d) Las respuestas a) y c) son correctas.

7. d) Todas las respuestas son correctas.

8. a) Corresponde a las Cortes el examen y aprobación de los PGE.

9. b) 47/2003.

10. a) Como un presupuesto que expone los programas de acción de cada Centro o Unidad Administrativa, indicando cada uno su dotación monetaria en recursos humanos y materiales que necesita.

11. d) Es correcta la respuesta b), y analizar el producto de un programa determinado en función de sus objetivos.

12. b) Subcategorías de programas.

13. b) Estimular la mejora de la gestión y el control presupuestario.

14. a) La adecuación de sus prioridades.

15. b) El control, programación y presupuestación.

TEST N.º 2

Los créditos presupuestarios. Operaciones presupuestarias. Transferencias de crédito. Generaciones de crédito. Minoraciones de crédito. Ampliaciones de crédito. Créditos extraordinarios y suplementos de crédito. Anticipos de Tesorería. Incorporaciones de crédito. Gastos plurianuales

1. En nuestra Comunidad Autónoma, los créditos consignados en los estados de gastos tienen carácter vinculante, con sujeción a la clasificación orgánica y funcional, a nivel:

a) De concepto económico siempre.
b) De capítulo económico.
c) De artículo económico.
d) De concepto económico o de subconcepto cuando este exista.

2. ¿Pueden incorporarse al estado de gastos del presupuesto del ejercicio inmediatamente siguiente los créditos para operaciones el capital?

a) A veces.
b) Sí, si así lo dispone el Consejo de Gobierno.
c) Sí.
d) Nunca.

3. De los que se citan, señale aquellos créditos que son ampliables:

a) Los destinados al pago de las cuotas de la Seguridad Social del personal al servicio de la Comunidad Autónoma.
b) Los destinados al pago de obligaciones impuestas por decisión judicial firme.
c) Los destinados al pago de material fungible.
d) La a) y la b) son correctas.

4. Si las Cortes de Castilla y León no aprobaran la Ley de concesión de un crédito extraordinario y previamente se hubiera concedido un anticipo de Tesorería, el mismo se cancelará con cargo:

a) A los créditos para gastos de la respectiva Consejería, Organismo Autónomo o entidad.
b) A los créditos de la Consejería de Hacienda.

c) No es posible su cancelación.
d) A los créditos de la sección de las Cortes.

5. ¿En qué artículo de la Ley de la Hacienda y del Sector Público se determina las limitaciones a que están sujetas las transferencias de crédito?

a) En el 117.
b) En el 123.
c) En el 118.
d) En el 190.

6. En relación con la cuestión anterior, las transferencias están sujetas a las siguientes limitaciones:

a) No podrán realizarse entre créditos de distintas secciones presupuestarias.
b) No podrán aumentar los créditos de partidas minoradas por transferencias.
c) No podrán minorar los créditos de partidas aumentadas por transferencias.
d) Todas las opciones son correctas.

7. En una determinada Consejería, con carácter general, las transferencias entre créditos presupuestarios del Capítulo II serán autorizadas:

a) Por el Consejero respectivo.
b) Por el Consejero de Hacienda.
c) Por el Consejo de Gobierno.
d) Por la Intervención General.

8. ¿En qué artículo de la Ley de la Hacienda y del Sector Público viene regulado la concesión de suplementos de crédito?

a) En el 131.
b) En el 115.
c) En el 100.
d) En el 105.

9. Una de las siguientes afirmaciones, relacionadas con los anticipos de Tesorería, no es cierta:

a) Se conceden por la Junta de Castilla y León.
b) Tal concesión es a propuesta del Consejero de Hacienda.
c) Tal concesión tiene carácter excepcional.
d) Se conceden para satisfacer pagos autorizados.

10. Cuando se aumenta el importe de un crédito presupuestario en la misma cuantía en que es reducido otro del mismo presupuesto, nos hallamos ante:

a) Una ampliación de crédito.
b) Un anticipo de tesorería.
c) Una transferencia de crédito.
d) Un suplemento de crédito.

11. El informe de la Intervención delegada en relación con las transferencias de créditos versará:

a) Sobre el cumplimiento de las limitaciones que sean de aplicación en cada supuesto.
b) Sobre la suficiencia de crédito en la partida presupuestaria que se pretenda minorar.
c) Sobre el cumplimiento de las normas que sean de aplicación en cada supuesto.
d) Son ciertas todas las opciones anteriores.

12. La solicitud de la concesión de un crédito extraordinario o de un suplemento de crédito se realiza:

a) Por el Gobierno a las Cortes.
b) Por el Consejero de Hacienda al Gobierno.
c) Por el Consejero de Hacienda a las Cortes.
d) Por el Consejero afectado al Gobierno.

13. Uno de los requisitos de fondo para que pueda solicitarse un suplemento de crédito o un crédito extraordinario es:

a) Que el gasto no pueda demorarse más de tres meses.
b) Que exista crédito en los Presupuestos, pero que esté inmovilizado.
c) Que no haya formulado la petición dentro del plazo.
d) Son falsas todas las opciones anteriores.

14. Siguiendo con la pregunta anterior, entre los requisitos procedimentales tenemos:

a) El expediente de proposición es remitido por la Consejería correspondiente a la de Hacienda.
b) El Consejero de Hacienda lo eleva sin más demora para el acuerdo de la Junta.
c) La Junta, previa aprobación, remite a las Cortes la correspondiente Ley.
d) Ninguna es correcta.

15. Cuando la necesidad de créditos extraordinarios se produjera en los organismos autónomos de la Comunidad, la concesión corresponderá al Consejero de Hacienda:

a) En cualquier caso.
b) Cuando su importe no exceda del dos por ciento de los créditos asignados.
c) Cuando su importe no exceda del cinco por ciento de los créditos asignados.
d) Cuando su importe no exceda del diez por ciento de los créditos asignados.

En MADTEST tienes **más preguntas de este tema**, y todos tus avances quedan registrados y se reflejan en el ranking.

¡Supera tus límites con MADTEST!

Solución al test n.º 2

1. d) De concepto económico o de subconcepto cuando este exista.

2. c) Sí.

3. d) La a) y la b) son correctas.

4. a) A los créditos para gastos de la respectiva Consejería, Organismo Autónomo o entidad.

5. b) En el 123.

6. d) Todas las opciones son correctas.

7. a) Por el Consejero respectivo.

8. a) En el 131.

9. d) Se conceden para satisfacer pagos autorizados.

10. c) Una transferencia de crédito.

11. d) Son ciertas todas las opciones anteriores.

12. a) Por el Gobierno a las Cortes.

13. d) Son falsas todas las opciones anteriores.

14. a) El expediente de proposición es remitido por la Consejería correspondiente a la de Hacienda.

15. c) Cuando su importe no exceda del cinco por ciento de los créditos asignados.

TEST N.º 3

La gestión del gasto: órganos competentes, fases del procedimiento y documentos contables que intervienen. Pagos: concepto y tipos. Pagos a justificar y pagos en firme. Anticipos de caja fija. Liquidación y cierre del ejercicio

1. Para poder iniciar la tramitación de un expediente de gasto, es requisito indispensable:

a) La existencia de crédito.
b) La anulación de los remanentes.
c) Un anticipo de tesorería.
d) Todas son correctas.

2. No es correcta la siguiente afirmación sobre la autorización del gasto:

a) Inicia la ejecución presupuestaria.
b) Será aprobada por la Junta.
c) De ella no derivan derechos para terceros.
d) Implica la reserva de la totalidad o parte de un crédito presupuestario disponible.

3. El compromiso del gasto se contabiliza en un documento denominado:

a) A.
b) D.
c) O.
d) P.

4. Si desde el inicio del expediente conocemos el importe exacto del compromiso del gasto, se expide el siguiente documento:

a) AD.
b) A.
c) ADOP.
d) OP.

5. Los documentos «I» se destinan a contabilizar:

a) La concesión de anticipos de tesorería.
b) Las inversiones.
c) Las tasas.
d) Las modificaciones presupuestarias.

6. ¿Qué tipo de documento se expide para contabilizar las autorizaciones de gastos?

a) O.
b) A.
c) D.
d) OP.

7. El acto que determina, tras el cumplimiento de los trámites legalmente establecidos, la realización de un gasto previamente autorizado por un importe determinado o determinable, se denomina, dentro de la fase de ejecución del gasto:

a) Disposición o compromiso.
b) Obligación del pago.
c) Propuesta de pago.
d) Ordenación del pago.

8. En relación con la cuestión anterior, ¿qué documento contable se expedirá?

a) O.
b) D.
c) OP.
d) A.

9. ¿En qué fase se incluye la expedición de la correspondiente orden de pago en términos que permitan su materialización a favor del legítimo acreedor?

a) Ordenación del pago.
b) Ordenación del gasto.
c) Ordenación de la obligación.
d) Fase previa del pago.

10. Para anular las autorizaciones de gasto se expedirá el siguiente documento:

a) A/.
b) D/.
c) O/.
d) RC/.

11. Los actos que no cuentan con crédito presupuestario previo, darán lugar:

a) A la propuesta y autorización de gastos.
b) Al compromiso y propuesta de pago.
c) A la ordenación del pago.
d) Todas son falsas.

12. De los documentos siguientes, indica los que tienen el carácter de mixtos:

a) ADOK.
b) AKA.
c) AD.
d) La a) y la c) son correctas.

13. El señalamiento del pago y la expedición del cheque u orden de transferencia contra las cuentas corrientes de la Tesorería General, recibe el nombre de:

a) Libramiento de fondos.
b) Propuesta de pago.
c) Ordenación del pago.
d) Realización material del pago.

14. Cuando la contracción de la obligación se una a la ordenación del pago se hará constar en un documento:

a) AD.
b) ADOK.
c) OP.
d) OK.

15. La anulación de modificaciones de crédito se llevará a cabo con:

a) Documentos A.
b) Documentos RC.
c) Documentos AD.
d) Todas son falsas.

En MADTEST tienes **más preguntas de este tema**, y todos tus avances quedan registrados y se reflejan en el ranking.

¡Supera tus límites con MADTEST!

Solución al test n.º 3

1. a) La existencia de crédito.

2. b) Será aprobada por la Junta.

3. b) D.

4. a) AD.

5. a) La concesión de anticipos de tesorería.

6. b) A.

7. a) Disposición o compromiso.

8. b) D.

9. a) Ordenación del pago.

10. a) A/.

11. d) Todas son falsas.

12. d) La a) y la c) son correctas.

13. d) Realización material del pago.

14. c) OP.

15. d) Todas son falsas.

TEST N.º 4

Gestión de los expedientes de gasto de los contratos del sector público. Gestión de los expedientes de gasto de las subvenciones

1. De acuerdo con la Regla 77.1 de la Instrucción de operatoria contable a seguir en la ejecución del gasto del Estado (Orden de 1 de febrero de 1996), al inicio de un expediente de contratación, el Servicio gestor expedirá un:

a) Documento A por el importe que de dicho expediente corresponda al Presupuesto en curso y, en su caso, un documento A de ejercicios posteriores por la parte que deba ser aplicada a ejercicios posteriores.

b) Documento RC de ejercicio corriente y, en su caso, un documento RC de ejercicios posteriores.

c) Documento OK que se enviará a la oficina de contabilidad.

d) Documento D por el importe que corresponda al Presupuesto corriente y, en su caso, un documento D de ejercicios posteriores por la parte que se aplique a ejercicios posteriores.

2. Según la Regla 77.2 de la Instrucción de operatoria contable a seguir en la ejecución del gasto del Estado (Orden de 1 de febrero de 1996), una vez que se apruebe el expediente de gasto, el Servicio gestor formulará un:

a) Documento A por el importe que de dicho expediente corresponda al Presupuesto en curso y, en su caso, un documento A de ejercicios posteriores por la parte que deba ser aplicada a ejercicios posteriores.

b) Documento RC de ejercicio corriente y, en su caso, un documento RC de ejercicios posteriores.

c) Documento OK que se enviará a la oficina de contabilidad.

d) Documento D por el importe que corresponda al Presupuesto corriente y, en su caso, un documento D de ejercicios posteriores por la parte que se aplique a ejercicios posteriores.

3. Conforme a la Regla 77.2 de la Instrucción de operatoria contable a seguir en la ejecución del gasto del Estado (Orden de 1 de febrero de 1996), cuando se formalicen los contratos, el Servicio gestor competente expedirá el respectivo:

a) Documento A por el importe que de dicho expediente corresponda al Presupuesto en curso y, en su caso, un documento A de ejercicios posteriores por la parte que deba ser aplicada a ejercicios posteriores.

b) Documento RC de ejercicio corriente y, en su caso, un documento RC de ejercicios posteriores.

c) Documento OK que se enviará a la oficina de contabilidad.

d) Documento D por el importe que corresponda al Presupuesto corriente y, en su caso, un documento D de ejercicios posteriores por la parte que se aplique a ejercicios posteriores.

4. De acuerdo con la Regla 78.1 de la Instrucción de operatoria contable a seguir en la ejecución del gasto del Estado (Orden de 1 de febrero de 1996), una vez aprobado el expediente de reconocimiento de la obligación, el Servicio gestor expedirá un:

a) Documento A por el importe que de dicho expediente corresponda al Presupuesto en curso y, en su caso, un documento A de ejercicios posteriores por la parte que deba ser aplicada a ejercicios posteriores.

b) Documento RC de ejercicio corriente y, en su caso, un documento RC de ejercicios posteriores.

c) Documento OK que se enviará a la oficina de contabilidad.

d) Documento D por el importe que corresponda al Presupuesto corriente y, en su caso, un documento D de ejercicios posteriores por la parte que se aplique a ejercicios posteriores.

5. Conforme al punto segundo del Acuerdo 79/2008, de 28 de agosto, de la Junta de Castilla y León, por el que se determina la aplicación del régimen de fiscalización e intervención previas de requisitos esenciales (en relación con los contratos públicos), la fiscalización e intervención previa de gastos u obligaciones a los que resulta de aplicación el régimen de requisitos esenciales, en cada uno de los órganos de la Administración General de la Comunidad de Castilla y León, sus organismos autónomos y aquéllos otros entes u órganos cuya Ley de creación u otra norma posterior así lo prevea, sujetos a función interventora, se realizará mediante la comprobación de los siguientes extremos que con carácter general se establecen en el artículo 258 de la Ley de la Hacienda y del Sector Público de la Comunidad:

a) La existencia de crédito presupuestario y que el propuesto es el adecuado y suficiente a la naturaleza del gasto u obligación que se proponga contraer. En los casos en los que se trate de contraer compromisos de gastos con cargo a ejercicios futuros se comprobará, además, si se cumple lo preceptuado en los artículos 111,112 y 113 de la Ley de la Hacienda y del Sector Público de la Comunidad de Castilla y León.

b) Que los gastos u obligaciones se proponen al órgano competente para la aprobación, compromiso del gasto o reconocimiento de la obligación.

c) La competencia del órgano de contratación, del concedente de la subvención, del que celebra el convenio de colaboración o del que resuelve el expediente de responsabilidad patrimonial y, en general, del que dicte el acto administrativo, cuando dicho órgano no tenga atribuida la facultad para la aprobación, compromiso del gasto o reconocimiento de la obligación de que se trate

d) Todas las respuestas son correctas.

6. En los expedientes de contratos de obras, según el Acuerdo 79/2008, de 28 de agosto, de la Junta de Castilla y León, por el que se determina la aplicación del régimen de fiscalización e intervención previas de requisitos esenciales, cuando se proponga como procedimiento de adjudicación el procedimiento abierto simplificado, se comprobará que:

a) Se cumplen las condiciones previstas en el artículo 159.1 de la Ley 9/2017, de 8 de noviembre.

b) Concurre alguno de los supuestos previstos en los artículos 167 o 168 de la Ley 9/2017, de 8 de noviembre para utilizar dicho procedimiento.

c) Se cumple alguno de los supuestos de aplicación del artículo 167 de la Ley 9/2017, de 8 de noviembre; y, en el caso de que se reconozcan primas o compensaciones a los participantes, que en el documento descriptivo se fija la cuantía de las mismas y que consta la correspondiente retención de crédito.

d) Todas las respuestas son correctas.

7. En los expedientes de contratos de obras, según el Acuerdo 79/2008, de 28 de agosto, de la Junta de Castilla y León, por el que se determina la aplicación del régimen de fiscalización e intervención previas de requisitos esenciales, cuando se proponga como procedimiento de adjudicación un procedimiento con negociación se comprobará que:

a) Se cumplen las condiciones previstas en el artículo 159.1 de la Ley 9/2017, de 8 de noviembre.

b) Concurre alguno de los supuestos previstos en los artículos 167 o 168 de la Ley 9/2017, de 8 de noviembre para utilizar dicho procedimiento.

c) Se cumple alguno de los supuestos de aplicación del artículo 167 de la Ley 9/2017, de 8 de noviembre; y, en el caso de que se reconozcan primas o compensaciones a los participantes, que en el documento descriptivo se fija la cuantía de las mismas y que consta la correspondiente retención de crédito.

d) Todas las respuestas son correctas.

8. En los expedientes de contratos de obras, según el Acuerdo 79/2008, de 28 de agosto, de la Junta de Castilla y León, por el que se determina la aplicación del régimen de fiscalización e intervención previas de requisitos esenciales, cuando se proponga como procedimiento de adjudicación el diálogo competitivo, se verificará que:

a) Se cumplen las condiciones previstas en el artículo 159.1 de la Ley 9/2017, de 8 de noviembre.

b) Concurre alguno de los supuestos previstos en los artículos 167 o 168 de la Ley 9/2017, de 8 de noviembre para utilizar dicho procedimiento.

c) Se cumple alguno de los supuestos de aplicación del artículo 167 de la Ley 9/2017, de 8 de noviembre; y, en el caso de que se reconozcan primas o compensaciones a los participantes, que en el documento descriptivo se fija la cuantía de las mismas y que consta la correspondiente retención de crédito.

d) Todas las respuestas son correctas.

9. En los expedientes de contratos de obras, según el Acuerdo 79/2008, de 28 de agosto, de la Junta de Castilla y León, por el que se determina la aplicación del régimen de fiscalización e intervención previas de requisitos esenciales, cuando se prevea en el pliego de cláusulas administrativas particulares la posibilidad de modificar el contrato en los términos del artículo 204 de la Ley 9/2017, de 8 de noviembre, se verificará que el porcentaje previsto no sea superior al:

a) 10 por 100 del precio inicial; y que la modificación no podrá suponer el establecimiento de nuevos precios unitarios no previstos en el contrato.

b) 20 por 100 del precio inicial; y que la modificación no podrá suponer el establecimiento de nuevos precios unitarios no previstos en el contrato.

c) 30 por 100 del precio inicial; y que la modificación no podrá suponer el establecimiento de nuevos precios unitarios no previstos en el contrato.

d) 40 por 100 del precio inicial; y que la modificación no podrá suponer el establecimiento de nuevos precios unitarios no previstos en el contrato.

10. Conforme al el Acuerdo 79/2008, de 28 de agosto, de la Junta de Castilla y León, por el que se determina la aplicación del régimen de fiscalización e intervención previas de requisitos esenciales, en los expedientes de contratos de suministros, en el momento de la adjudicación se comprobará:

a) Que exista proyecto informado por la Oficina de Supervisión de Proyectos, si procede. Cuando no exista informe de la Oficina de Supervisión de Proyectos, y no resulte procedente por razón de la cuantía, que al expediente se incorpore pronunciamiento expreso de que las obras del proyecto no afectan a la estabilidad, seguridad o estanqueidad de la obra.

b) Que exista pliego de cláusulas administrativas particulares o, en su caso, documento descriptivo, informado por el Servicio Jurídico.

c) Cuando se utilice modelo de pliego de cláusulas administrativas, se verificará que el contrato a celebrar es de naturaleza análoga al informado por el Servicio Jurídico.

d) Que se acredite la constitución de la garantía definitiva, salvo en el caso previsto en el artículo 159.6 de la Ley 9/2017, de 8 de noviembre.

11. En los expedientes de contratos de suministros, según el Acuerdo 79/2008, de 28 de agosto, de la Junta de Castilla y León, por el que se determina la aplicación del régimen de fiscalización e intervención previas de requisitos esenciales, cuando se proponga como procedimiento de adjudicación el procedimiento abierto simplificado, se comprobará que:

a) Se cumplen las condiciones previstas en el artículo 159.1 de la Ley 9/2017, de 8 de noviembre.

b) Concurre alguno de los supuestos previstos en los artículos 167 o 168 de la Ley 9/2017, de 8 de noviembre para utilizar dicho procedimiento.

c) Se cumple alguno de los supuestos de aplicación del artículo 167 de la Ley 9/2017, de 8 de noviembre; y, en el caso de que se reconozcan primas o compensaciones a los participantes, que en el documento descriptivo se fija la cuantía de las mismas y que consta la correspondiente retención de crédito.

d) Todas las respuestas son correctas.

12. En los expedientes de contratos de suministros, según el Acuerdo 79/2008, de 28 de agosto, de la Junta de Castilla y León, por el que se determina la aplicación del régimen de fiscalización e intervención previas de requisitos esenciales, cuando se proponga como procedimiento de adjudicación un procedimiento con negociación se comprobará que:

a) Se cumplen las condiciones previstas en el artículo 159.1 de la Ley 9/2017, de 8 de noviembre.

b) Concurre alguno de los supuestos previstos en los artículos 167 o 168 de la Ley 9/2017, de 8 de noviembre para utilizar dicho procedimiento.

c) Se cumple alguno de los supuestos de aplicación del artículo 167 de la Ley 9/2017, de 8 de noviembre; y, en el caso de que se reconozcan primas o compensaciones a los participantes, que en el documento descriptivo se fija la cuantía de las mismas y que consta la correspondiente retención de crédito.

d) Todas las respuestas son correctas.

13. En los expedientes de contratos de suministros, según el Acuerdo 79/2008, de 28 de agosto, de la Junta de Castilla y León, por el que se determina la aplicación del régimen de fiscalización e intervención previas de requisitos esenciales, cuando se proponga como procedimiento de adjudicación el diálogo competitivo, se verificará que:

a) Se cumplen las condiciones previstas en el artículo 159.1 de la Ley 9/2017, de 8 de noviembre.

b) Concurre alguno de los supuestos previstos en los artículos 167 o 168 de la Ley 9/2017, de 8 de noviembre para utilizar dicho procedimiento.

c) Se cumple alguno de los supuestos de aplicación del artículo 167 de la Ley 9/2017, de 8 de noviembre; y, en el caso de que se reconozcan primas o compensaciones a los participantes, que en el documento descriptivo se fija la cuantía de las mismas y que consta la correspondiente retención de crédito.

d) Todas las respuestas son correctas.

14. En los expedientes de contratos de suministros, según el Acuerdo 79/2008, de 28 de agosto, de la Junta de Castilla y León, por el que se determina la aplicación del régimen de fiscalización e intervención previas de requisitos esenciales, cuando se prevea en el pliego de cláusulas administrativas particulares la posibilidad de modificar el contrato en los términos del artículo 204 de la Ley 9/2017, de 8 de noviembre, se verificará que el porcentaje previsto no sea superior al:

a) 10 por 100 del precio inicial; y que la modificación no podrá suponer el establecimiento de nuevos precios unitarios no previstos en el contrato.

b) 20 por 100 del precio inicial; y que la modificación no podrá suponer el establecimiento de nuevos precios unitarios no previstos en el contrato.

c) 30 por 100 del precio inicial; y que la modificación no podrá suponer el establecimiento de nuevos precios unitarios no previstos en el contrato.

d) 40 por 100 del precio inicial; y que la modificación no podrá suponer el establecimiento de nuevos precios unitarios no previstos en el contrato.

15. Conforme al el Acuerdo 79/2008, de 28 de agosto, de la Junta de Castilla y León, por el que se determina la aplicación del régimen de fiscalización e intervención previas de requisitos esenciales, en los expedientes de contratos de suministros, en el momento de la adjudicación se comprobará:

a) Que exista proyecto informado por la Oficina de Supervisión de Proyectos, si procede. Cuando no exista informe de la Oficina de Supervisión de Proyectos, y no resulte procedente por razón de la cuantía, que al expediente se incorpore pronunciamiento expreso de que las obras del proyecto no afectan a la estabilidad, seguridad o estanqueidad de la obra.

b) Que exista pliego de cláusulas administrativas particulares o, en su caso, documento descriptivo, informado por el Servicio Jurídico.

c) Cuando se utilice modelo de pliego de cláusulas administrativas, se verificará que el contrato a celebrar es de naturaleza análoga al informado por el Servicio Jurídico.

d) Que se acredite la constitución de la garantía definitiva, salvo en el caso previsto en el artículo 159.6 de la Ley 9/2017, de 8 de noviembre.

En MADTEST tienes **más preguntas de este tema**, y todos tus avances quedan registrados y se reflejan en el ranking.

¡Supera tus límites con MADTEST!

Solución al test n.º 4

1. b) Documento RC de ejercicio corriente y, en su caso, un documento RC de ejercicios posteriores.

2. a) Documento A por el importe que de dicho expediente corresponda al Presupuesto en curso y, en su caso, un documento A de ejercicios posteriores por la parte que deba ser aplicada a ejercicios posteriores.

3. d) Documento D por el importe que corresponda al Presupuesto corriente y, en su caso, un documento D de ejercicios posteriores por la parte que se aplique a ejercicios posteriores.

4. c) Documento OK que se enviará a la oficina de contabilidad.

5. d) Todas las respuestas son correctas.

6. a) Se cumplen las condiciones previstas en el artículo 159.1 de la Ley 9/2017, de 8 de noviembre.

7. b) Concurre alguno de los supuestos previstos en los artículos 167 o 168 de la Ley 9/2017, de 8 de noviembre para utilizar dicho procedimiento.

8. c) Se cumple alguno de los supuestos de aplicación del artículo 167 de la Ley 9/2017, de 8 de noviembre; y, en el caso de que se reconozcan primas o compensaciones a los participantes, que en el documento descriptivo se fija la cuantía de las mismas y que consta la correspondiente retención de crédito.

9. b) 20 por 100 del precio inicial; y que la modificación no podrá suponer el establecimiento de nuevos precios unitarios no previstos en el contrato.

10. d) Que se acredite la constitución de la garantía definitiva, salvo en el caso previsto en el artículo 159.6 de la Ley 9/2017, de 8 de noviembre.

11. a) Se cumplen las condiciones previstas en el artículo 159.1 de la Ley 9/2017, de 8 de noviembre.

12. b) Concurre alguno de los supuestos previstos en los artículos 167 o 168 de la Ley 9/2017, de 8 de noviembre para utilizar dicho procedimiento.

13. c) Se cumple alguno de los supuestos de aplicación del artículo 167 de la Ley 9/2017, de 8 de noviembre; y, en el caso de que se reconozcan primas o compensaciones a los participantes, que en el documento descriptivo se fija la cuantía de las mismas y que consta la correspondiente retención de crédito.

14. b) 20 por 100 del precio inicial; y que la modificación no podrá suponer el establecimiento de nuevos precios unitarios no previstos en el contrato.

15. d) Que se acredite la constitución de la garantía definitiva, salvo en el caso previsto en el artículo 159.6 de la Ley 9/2017, de 8 de noviembre.

TEST N.º 5

Nóminas de los empleados públicos: estructura y normas de confección. Gestión administrativa y económica de la nómina

1. Las Administraciones Públicas podrán destinar cantidades hasta el porcentaje de la masa salarial que se fije en las correspondientes Leyes de Presupuestos Generales del Estado a financiar aportaciones a planes de pensiones de empleo o contratos de seguro colectivos; estas cantidades tendrán a todos los efectos la consideración de:

a) Retribución básica.
b) Retribución complementaria.
c) Indemnización.
d) Retribución diferida.

2. ¿Cuál de las siguientes retribuciones complementarias corresponde al nivel del puesto que desempeñe el funcionario?

a) Complemento específico.
b) Complemento de destino.
c) Complemento de productividad.
d) Gratificación por servicios extraordinarios.

3. Las retribuciones de los funcionarios en prácticas:

a) Se corresponderán a las del sueldo del Subgrupo o Grupo, en el supuesto de que este no tenga Subgrupo, en que aspiren a ingresar.
b) No podrán superar las del sueldo del Subgrupo o Grupo, en el supuesto de que este no tenga Subgrupo, en que aspiren a ingresar.
c) Se determinarán de acuerdo con la legislación laboral, el convenio colectivo que sea aplicable y el contrato de trabajo.
d) Como mínimo, se corresponderán a las del sueldo del Subgrupo o Grupo, en el supuesto de que este no tenga Subgrupo, en que aspiren a ingresar.

4. La paga extraordinaria de junio retribuye el periodo comprendido:

a) Entre el 1 de enero y el 30 de junio.
b) Entre el 1 de enero y el 31 de mayo.

c) Entre el 1 de diciembre y el 31 de mayo.
d) Entre el 1 de diciembre y el 30 de junio.

5. ¿Cómo se justifican las bajas por jubilación?

a) Con el acuerdo de jubilación y formalización del cese.
b) Con el acuerdo de cese.
c) Con el acuerdo de cese de la Seguridad Social.
d) Con la petición de jubilación.

6. Cuando la paga extraordinaria se devengue parcialmente, su reducción se calcula computando cada día de servicios prestados en el importe de dividir la cuantía de la paga extraordinaria entre:

a) Los 30 días del mes.
b) Los 182 o 183 días del semestre.
c) Los 91 días del trimestre.
d) Los 360 días del año.

7. Señalar cuál de las siguientes no es un área funcional recogida en el III Convenio Colectivo único para el personal laboral:

a) Técnica y profesional.
b) Actividades específicas.
c) Profesional y servicios específicos.
d) Gestión y servicios comunes.

8. La paga extraordinaria de diciembre retribuye el periodo comprendido:

a) Entre el 1 de junio y el 30 de noviembre.
b) Entre el 1 de junio y el 31 de diciembre.
c) Entre el 31 de mayo y el 31 de diciembre.
d) Entre el 1 junio y el 1 de diciembre.

9. Las altas en nómina pueden ser por:

a) Nuevo ingreso.
b) Reingreso al servicio activo.
c) Traslado.
d) Todas las opciones anteriores son correctas.

10. La productividad:

a) Es una cantidad fija.
b) El importe queda vinculado a lo percibido en la última productividad cobrada.
c) La valoración de la productividad deberá realizarse en función del nivel consolidado.
d) En ningún caso las cuantías asignadas por complemento de productividad durante un período de tiempo originarán derechos individuales respecto de las valoraciones o apreciaciones correspondientes a períodos sucesivos.

11. Forman parte de la estructura de la nómina:

a) El cuerpo de nómina.
b) Resúmenes de nómina.
c) Los estados justificativos de la nómina.
d) Todas las respuestas anteriores con correctas.

12. Los estados justificativos de la nómina constan de:

a) Ocho estados.
b) Seis estados.
c) Diez estados.
d) Doce estados.

13. Se pueden considerar modificaciones en los estados justificativos de la nómina:

a) Aumentos definitivos.
b) Disminuciones definitivas.
c) Modificaciones en descuentos.
d) Todas las respuestas anteriores.

14. Las altas de funcionarios procedentes de traslado se justifican con:

a) Copia del título administrativo.
b) Formalización de la toma de posesión.
c) Liquidación de trienios extendida por el órgano de gestión de personal del Departamento al que esté adscrito su Cuerpo o Escala.
d) Copia de la hoja de servicios.

15. Una vez confeccionada y aprobada la nómina, los Habilitados o Pagadores proceden a emitir el documento:

a) OK.
b) ADOK.
c) A.
d) a) y b) son correctas.

En MADTEST tienes **más preguntas de este tema**, y todos tus avances quedan registrados y se reflejan en el ranking.

¡Supera tus límites con MADTEST!

Solución al test n.º 5

1. d) Retribución diferida.

2. b) Complemento de destino.

3. d) Como mínimo, se corresponderán a las del sueldo del Subgrupo o Grupo, en el supuesto de que este no tenga Subgrupo, en que aspiren a ingresar.

4. c) Entre el 1 de diciembre y el 31 de mayo.

5. a) Con el acuerdo de jubilación y formalización del cese.

6. b) Los 182 o 183 días del semestre.

7. d) Gestión y servicios comunes.

8. a) Entre el 1 de junio y el 30 de noviembre.

9. d) Todas las opciones anteriores son correctas.

10. d) En ningún caso las cuantías asignadas por complemento de productividad durante un período de tiempo originarán derechos individuales respecto de las valoraciones o apreciaciones correspondientes a períodos sucesivos.

11. d) Todas las respuestas anteriores con correctas.

12. a) Ocho estados.

13. d) Todas las respuestas anteriores.

14. b) Formalización de la toma de posesión.

15. d) a) y b) son correctas.

TEST N.º 6

El control del gasto público. El control interno: la función interventora y el control financiero. El control externo realizado por el Tribunal de Cuentas, el Consejo de Cuentas de Castilla y León y las Cortes de Castilla y León

1. El Título de la Ley 2/2006 que regula el control de la Gestión Económico-Financiera, es:

a) El Título II.
b) El Título IV.
c) El Título V.
d) El Título VII.

2. No es un objetivo de este control:

a) Verificar el cumplimiento de la normativa que resulte de aplicación a la gestión objeto de control.
b) Verificar el adecuado registro y contabilización de las operaciones realizadas.
c) Verificar el cumplimiento de los objetivos asignados a los centros fiscalizadores del gasto en los Presupuestos Generales de la Comunidad Autónoma.
d) Verificar el cumplimiento de los requisitos y condiciones derivados de la normativa que resulte de aplicación a los beneficiarios de subvenciones y ayudas.

3. Las Intervenciones Delegadas ejercerán aquellas funciones que les sean atribuidas por el Interventor General, bajo la dependencia funcional:

a) De la Intervención General.
b) Del Consejero competente en materia de Hacienda.
c) De la Junta de Castilla y León.
d) Todas son falsas.

4. La Intervención General de la Administración de la Comunidad ejercerá sus funciones de control conforme a los principios de:

a) Autonomía funcional.
b) Ejercicio desconcentrado.

167

c) Jerarquía interna.
d) Todas son correctas.

5. La resolución de las diferencias que puedan presentarse en el ejercicio de control de la función interventora, se rige por:

a) El procedimiento contradictorio.
b) El procedimiento ejecutivo.
c) El procedimiento consultivo.
d) El procedimiento fiscalizador.

6. Cuando los asesoramientos e informes hayan de recabarse de órganos cuya competencia se extienda a la totalidad de la Administración General e Institucional, se solicitarán, en todo caso, por:

a) La Intervención General de la Administración de la Comunidad.
b) El Consejero competente en materia de Hacienda.
c) La Junta de Castilla y León.
d) Las Cortes de Castilla y León.

7. ¿Quién podrá determinar en qué casos la función interventora será ejercida sobre una muestra, y no sobre la totalidad de los actos sujetos a la misma, mediante la aplicación de técnicas de inferencia estadística?

a) El Consejero competente en materia de Hacienda.
b) La Junta de Castilla y León.
c) La Intervención General de la Administración de la Comunidad.
d) Todas son falsas.

8. La función interventora se ejercerá en sus modalidades de:

a) Intervención crítica o previa.
b) Intervención formal y material.
c) Intervención legal o procedimental.
d) Intervención de gestión o de control.

9. La comprobación de la real y efectiva aplicación de los fondos públicos, se denomina:

a) Intervención formal.
b) Intervención material.
c) Intervención crítica.
d) Intervención real.

10. El ejercicio de la función interventora comprenderá:

a) La intervención previa del reconocimiento de las obligaciones.
b) La intervención de la comprobación de la inversión.
c) La intervención material del pago.
d) Todas son correctas.

11. Estarán sometidos a la fiscalización previa:

a) Los contratos menores.
b) Las subvenciones y transferencias previstas nominativamente en los Presupuestos Generales de la Comunidad de Castilla y León.
c) Las aportaciones dinerarias destinadas a la financiación global de entidades.
d) Todas son falsas.

12. Si la Intervención, al realizar la fiscalización o intervención, se manifestase en desacuerdo con el contenido de los actos examinados o con el procedimiento seguido para su adopción, deberá formular sus reparos mediante:

a) Escrito motivado.
b) Informe.
c) Propuesta.
d) Resolución.

13. El reparo deberá citar:

a) Las normas en que se apoye.
b) El mecanismo para subsanar las deficiencias.
c) Todas las objeciones observadas en el expediente.
d) La a y la c son correctas.

14. El reparo suspende la tramitación del expediente en los siguientes casos:

a) Cuando se refiera a comprobaciones materiales de obras, suministros, adquisiciones y servicios.
b) Cuando así lo acuerde la Junta de Castilla y León.
c) Cuando afecte a la retención de crédito.
d) Cuando se omitan en el expediente requisitos o trámites que no pudieran dar lugar a la nulidad del acto.

15. Cuando el órgano gestor manifieste su discrepancia con el reparo formulado:

a) Deberá plantear recurso administrativo.
b) Deberá motivarla por escrito, con cita de las normas en las que fundamente su criterio.
c) Deberá subsanarlo y luego recurrir.
d) No puede manifestar discrepancia con el reparo.

En MADTEST tienes **más preguntas de este tema**, y todos tus avances quedan registrados y se reflejan en el ranking.

¡Supera tus límites con MADTEST!

Solución al test n.º 6

1. d) El Título VII.

2. c) Verificar el cumplimiento de los objetivos asignados a los centros fiscalizadores del gasto en los Presupuestos Generales de la Comunidad Autónoma.

3. a) De la Intervención General.

4. d) Todas son correctas.

5. a) El procedimiento contradictorio.

6. a) La Intervención General de la Administración de la Comunidad.

7. c) La Intervención General de la Administración de la Comunidad.

8. b) Intervención formal y material.

9. b) Intervención material.

10. d) Todas son correctas.

11. d) Todas son falsas.

12. a) Escrito motivado.

13. d) La a y la c son correctas.

14. a) Cuando se refiera a comprobaciones materiales de obras, suministros, adquisiciones y servicios.

15. b) Deberá motivarla por escrito, con cita de las normas en las que fundamente su criterio.

Competencias

GRUPO V

TEST N.º 1

Los derechos de las personas en sus relaciones con la Administración: legislación básica estatal y legislación de Castilla y León. La calidad en la prestación de los servicios públicos: marco para la mejora de la calidad y la innovación de los servicios públicos de la Administración de la Comunidad de Castilla y León

1. Según la Constitución Española, la Administración Pública sirve con objetividad los intereses generales y actúa de acuerdo, entre otros, con el principio de:

a) Eficacia.
b) Transparencia.
c) Participación.
d) Responsabilidad.

2. El derecho a una buena Administración, tal y como se configura en Castilla y León, se vincula principalmente con:

a) El derecho de acceso a los registros administrativos.
b) El derecho a una actuación administrativa eficaz, imparcial y orientada a la ciudadanía.
c) El derecho de petición reconocido en la Constitución Española.
d) El derecho de acceso a la información pública.

3. La norma básica estatal que regula los derechos de las personas interesadas en el procedimiento administrativo común es:

a) La Ley 40/2015, de 1 de octubre, de Régimen Jurídico del Sector Público.
b) La Ley 19/2013, de 9 de diciembre, de transparencia, acceso a la información pública y buen gobierno.
c) La Ley 39/2015, de 1 de octubre, del Procedimiento Administrativo Común de las Administraciones Públicas.
d) El Real Decreto 203/2021, de 30 de marzo.

4. Entre los derechos reconocidos a las personas por la Ley 39/2015, de 1 de octubre, se encuentra:

a) Identificar a las autoridades y al personal responsable de la tramitación.
b) Resolver los procedimientos administrativos.

c) Determinar el órgano competente.
d) Modificar los plazos legales.

5. El derecho a no aportar documentos que ya obren en poder de la Administración se apoya en el principio de:

a) Legalidad.
b) Seguridad jurídica.
c) Interoperabilidad entre Administraciones Públicas.
d) Eficacia.

6. La Ley 39/2015, de 1 de octubre, reconoce el derecho a comunicarse con las Administraciones Públicas a través de:

a) Oficinas de asistencia en materia de registros.
b) Registros auxiliares.
c) Portales institucionales.
d) Un Punto de Acceso General electrónico.

7. El derecho a conocer el estado de tramitación de un procedimiento corresponde a:

a) Cualquier persona que lo solicite.
b) Los empleados públicos intervinientes.
c) Las personas interesadas en el procedimiento.
d) Los órganos administrativos.

8. La Ley 39/2015, de 1 de octubre, reconoce a las personas interesadas el derecho a:

a) Determinar el contenido de la resolución.
b) Acceder a toda la información administrativa sin límites.
c) Exigir la suspensión automática del procedimiento.
d) Identificar a las autoridades y al personal responsable de la tramitación.

9. Según la Ley 39/2015, de 1 de octubre, están obligadas a relacionarse electrónicamente con las Administraciones Públicas:

a) Las personas jurídicas.
b) Las personas físicas en todo caso.
c) Las personas interesadas en procedimientos sancionadores.
d) Las personas que actúen sin representante.

10. Con carácter general, las personas físicas:

a) Deben utilizar medios electrónicos preferentemente.
b) Pueden elegir el medio de relación con la Administración.
c) Deben utilizar medios presenciales.
d) Están sujetas a lo que determine el órgano competente.

11. Cuando una persona obligada a relacionarse electrónicamente presenta una solicitud en soporte no electrónico:

a) Se considera no presentada.
b) Se archiva el expediente.
c) Se le requiere para que subsane.
d) Se inadmite de plano.

12. El derecho a la subsanación de solicitudes está reconocido en:

a) La Ley 40/2015, de 1 de octubre, de Régimen Jurídico del Sector Público.
b) La Constitución Española.
c) La Ley 2/2010, de 11 de marzo, de Castilla y León.
d) La Ley 39/2015, de 1 de octubre, del Procedimiento Administrativo Común de las Administraciones Públicas.

13. La obligación de la Administración de resolver expresamente los procedimientos administrativos deriva de:

a) El principio de eficacia.
b) La Ley 39/2015, de 1 de octubre.
c) El principio de publicidad.
d) El Estatuto de Autonomía de Castilla y León.

14. La Ley 2/2010, de 11 de marzo, de Castilla y León, establece que los derechos de la ciudadanía deben interpretarse conforme al principio de:

a) Seguridad jurídica.
b) Legalidad estricta.
c) Interpretación más favorable al ejercicio de los derechos.
d) Coordinación administrativa.

15. El principio de confianza legítima implica:

a) La imposibilidad de modificar actos administrativos.
b) La protección de expectativas razonables generadas por la actuación administrativa.
c) La vinculación absoluta a precedentes administrativos.
d) La renuncia al ejercicio de potestades públicas.

En MADTEST tienes **más preguntas de este tema**, y todos tus avances quedan registrados y se reflejan en el ranking.

¡Supera tus límites con MADTEST!

Solución al test n.º 1

1. a) Eficacia.

2. b) El derecho a una actuación administrativa eficaz, imparcial y orientada a la ciudadanía.

3. c) La Ley 39/2015, de 1 de octubre, del Procedimiento Administrativo Común de las Administraciones Públicas.

4. a) Identificar a las autoridades y al personal responsable de la tramitación.

5. c) Interoperabilidad entre Administraciones Públicas.

6. d) Un Punto de Acceso General electrónico.

7. c) Las personas interesadas en el procedimiento.

8. d) Identificar a las autoridades y al personal responsable de la tramitación.

9. a) Las personas jurídicas.

10. b) Pueden elegir el medio de relación con la Administración.

11. c) Se le requiere para que subsane.

12. d) La Ley 39/2015, de 1 de octubre, del Procedimiento Administrativo Común de las Administraciones Públicas.

13. b) La Ley 39/2015, de 1 de octubre.

14. c) Interpretación más favorable al ejercicio de los derechos.

15. b) La protección de expectativas razonables generadas por la actuación administrativa.

TEST N.º 2

Las oficinas de asistencia en materia de registros de la Administración de la Comunidad de Castilla y León: Organización y funcionamiento. Funciones

1. A partir de la entrada en funcionamiento del Registro Electrónico General siguiendo lo previsto en la LPACAP, los registros asistidos por la actual red de oficinas en materia de registros, no desaparecerán pero pasarán a denominarse:

a) Oficinas de asistencia en materia de registros.
b) Oficinas auxiliares de registro.
c) Oficinas generales de registro.
d) Oficinas secundarias de registro.

2. Los registros electrónicos de las Administraciones Públicas deben permitir la presentación de solicitudes, escritos y comunicaciones:

a) Los mismos días hábiles que el resto de registros.
b) En el horario de presencia de los funcionarios a su cargo.
c) Al menos 12 horas al día, todos los días lectivos.
d) Todos los días del año durante las 24 horas.

3. En las disposiciones de creación de registros electrónicos no es necesario especificar:

a) Los días declarados como inhábiles.
b) La caducidad del registro.
c) El órgano o unidad responsable de su gestión.
d) La fecha y hora oficial.

4. El proceso tecnológico que permite convertir un documento en soporte papel o en otro soporte no electrónico en un fichero electrónico que contiene la imagen codificada, fiel e íntegra del documento, se conoce en la LPACAP como:

a) Automatización.
b) Fotocopiado.

c) Autenticación.
d) Digitalización.

5. En relación al funcionamiento del registro electrónico, es cierto que:

a) Permitirá la presentación de documentos todos los días hábiles del año durante la jornada laboral de su personal.
b) El inicio del cómputo de los plazos que hayan de cumplir las Administraciones Públicas vendrá determinado por la fecha y hora de presentación en el registro electrónico de cada Administración u Organismo.
c) Los documentos se considerarán presentados por el orden de hora efectiva en el que fueron aceptados por el funcionario habilitado al efecto.
d) El registro electrónico de cualquier Administración u Organismo se regirá a efectos de cómputo de los plazos, por la fecha y hora oficial indicada por el Central European Time.

6. ¿Qué calendario de días inhábiles se aplicará en los registros electrónicos a efectos del cómputo de plazos?

a) El que se publique al efecto en el Boletín Oficial del Estado para todos los registros.
b) El que se publique al efecto en el boletín oficial de la Comunidad Autónoma para todos los registros ubicados en ella.
c) El que determine la sede electrónica del registro de cada Administración Pública u Organismo.
d) El que determine la sede electrónica del ayuntamiento en cuyo municipio se ubique el registro.

7. A efectos del cómputo de plazo fijado en días hábiles o naturales, y en lo que se refiere a cumplimiento de plazos por los interesados, la presentación en un registro electrónico de una solicitud en un día inhábil:

a) Se entenderá efectuada en ese mismo momento, puesto que el registro electrónico no tiene días inhábiles.
b) Se entenderá realizada en la primera hora del primer día hábil siguiente, salvo que una norma permita expresamente la recepción en día inhábil.
c) Se entenderá realizada en la misma hora que se ha efectuado, pero del primer día hábil siguiente.
d) No tiene validez.

8. Señalar la opción incorrecta. En todo caso, las disposiciones de creación de registros electrónicos especificarán:

a) El órgano o unidad responsable de su gestión.
b) La fecha y hora oficial.
c) Los días declarados como inhábiles.
d) Los medios electrónicos permitidos.

10. Aquellos documentos e informaciones cuyo régimen especial establezca una forma de presentación en el registro distinta a la que se haya utilizado:

a) No se tendrán por presentados.
b) Paralizarán el procedimiento hasta que sean presentados reglamentariamente.
c) Solo producirán efectos si el instructor ve necesaria su inclusión.
d) Se tendrán por presentados pero no podrán generar derechos.

11. La asistencia presencial, como conjunto de medios puestos a disposición de la ciudadanía en orden a facilitar el ejercicio de sus derechos y el cumplimiento de sus obligaciones en sus relaciones con la Administración de la Comunidad de Castilla y León, se regirá por una serie de principios que enumera el artículo 3 del *Decreto 13/2021, de 20 de mayo, por el que se regulan las oficinas de asistencia en materia de registros de la Administración de la Comunidad de Castilla y León*, entre los que no figura el siguiente:

a) Servicio efectivo, gratuito y universal.
b) Atención personal, amable, confidencial y respetuosa, adaptada a las circunstancias físicas, psíquicas, sensoriales, sociales y culturales.
c) Proactividad.
d) Calidad y evaluación continua.

12. ¿Cómo se denominan las oficinas autonómicas que prestan la atención presencial a la ciudadanía en el ámbito provincial de la Administración de la Comunidad de Castilla y León?

a) Oficinas generales de asistencia en materia de registros.
b) Oficinas provinciales de atención a la ciudadanía.
c) Puntos de asistencia en materia de registros.
d) Puntos de atención y asistencia al ciudadano.

13. ¿Cuáles son las oficinas autonómicas en materia de registros que existirán en las dependencias administrativas pertenecientes a las delegaciones territoriales que, por razones de servicio público y eficacia administrativa, se ubican en localidades distintas a la capital de la provincia?

a) Los puntos delegados de atención y asistencia al ciudadano.
b) Los puntos de asistencia en materia de registros.
c) Las oficinas territoriales de asistencia en materia de registros.
d) Las oficinas generales de asistencia en materia de registros.

14. Según el artículo 10 del Decreto 13/2021, las oficinas departamentales asistirán a la ciudadanía en materia de registro:

a) Los días hábiles, de lunes a viernes de 8.30 h a 14.30 h, y de lunes a jueves, de 16.30 h a 18.30 h.
b) Los días hábiles de 8.30 a 14.30 horas.

c) Los días hábiles en horario de 9 a 14 horas.
d) Los días hábiles, de lunes a viernes de 9 a 14 horas y de 16.30 a 18.30 horas.

15. Según el artículo 5 del Decreto 13/2021, las oficinas de asistencia en materia de registros tienen naturaleza de:

a) Unidad administrativa.
b) Servicio administrativo.
c) Órgano superior.
d) Órgano administrativo.

En MADTEST tienes **más preguntas de este tema**, y todos tus avances quedan registrados y se reflejan en el ranking.

¡Supera tus límites con MADTEST!

Solución al test n.º 2

1. a) Oficinas de asistencia en materia de registros.

2. d) Todos los días del año durante las 24 horas.

3. b) La caducidad del registro.

4. d) Digitalización.

5. b) El inicio del cómputo de los plazos que hayan de cumplir las Administraciones Públicas vendrá determinado por la fecha y hora de presentación en el registro electrónico de cada Administración u Organismo.

6. c) El que determine la sede electrónica del registro de cada Administración Pública u Organismo.

7. b) Se entenderá realizada en la primera hora del primer día hábil siguiente, salvo que una norma permita expresamente la recepción en día inhábil.

8. d) Los medios electrónicos permitidos.

9. c) Canales.

10. a) No se tendrán por presentados.

11. d) Calidad y evaluación continua.

12. a) Oficinas generales de asistencia en materia de registros.

13. b) Los puntos de asistencia en materia de registros.

14. c) Los días hábiles en horario de 9 a 14 horas.

15. d) Órgano administrativo.

TEST N.º 3

La Administración Electrónica en las funciones de información y atención al ciudadano. El Servicio de Atención al Ciudadano 012. El portal web de la Junta de Castilla y León

1. Según el artículo 36.1 de la Ley 39/2015 (LPACAP), los actos administrativos se producirán por escrito a través de medios electrónicos:

a) En cualquier caso.
b) A menos que su naturaleza permita otra forma de expresión y constancia.
c) A menos que su naturaleza exija otra forma más adecuada de expresión y constancia.
d) A menos que el órgano instructor autorice otra forma más adecuada de expresión y constancia.

2. Según el artículo 2 del RD 203/2021, la capacidad de las Administraciones Públicas para que, partiendo del conocimiento adquirido del usuario final del servicio, proporcionen servicios precumplimentados y se anticipen a las posibles necesidades de los mismos, está basada en el principio de personalización y:

a) Proporcionalidad.
b) Proactividad.
c) Interoperabilidad.
d) Adaptabilidad al progreso.

3. ¿Qué principio enunciado en el RD 203/2021, determina que el diseño de los servicios electrónicos esté centrado en las personas usuarias, de forma que se minimice el grado de conocimiento necesario para el uso del servicio?

a) Principio de adaptabilidad al progreso.
b) Principio de accesibilidad.
c) Principio de facilidad de uso.
d) Principio de interoperabilidad.

4. ¿En qué casos la Administración autonómica puede imponer la obligación de relacionarse por medios electrónicos?

a) Para cualquier trámite administrativo.
b) Para aquellos ciudadanos sin recursos.
c) Para ciertos colectivos que acrediten capacidad económica y técnica.
d) Solo para ciudadanos extranjeros.

5. NO es una función de las Oficinas Generales, Departamentales y Puntos de Asistencia en materia de Registros de la Administración de la Comunidad de Castilla y León:

a) Registro de entrada de documentos presentados por ciudadanos.
b) Asesoramiento jurídico para litigios en curso.
c) Suministro del código de identificación del órgano administrativo.
d) Información sobre procedimientos administrativos.

6. ¿Qué funciones de la atención personalizada a los ciudadanos tienen por objeto facilitar a estos la orientación y ayuda que precisen en el momento inicial de su visita, y, en particular, la relativa a la localización de dependencias y funcionarios?

a) Funciones de recepción de las iniciativas o sugerencias formuladas por los ciudadanos.
b) Funciones de orientación e información.
c) Funciones de recepción y acogida a los ciudadanos.
d) Funciones de asistencia a los ciudadanos en el ejercicio del derecho de petición.

7. En la atención personalizada al ciudadano, las funciones de gestión, en relación con los procedimientos administrativos, ¿comprenderá la recepción de la documentación inicial de un expediente?

a) No, en ningún caso.
b) Sí, en todo caso.
c) Sí, siempre que se trate de procedimientos urgentes.
d) Sí, cuando así se haya dispuesto reglamentariamente.

8. Según el artículo 41.1 de la LRJSP, se entiende por actuación administrativa automatizada:

a) Cualquier acto o actuación realizada íntegramente a través de medios electrónicos por una Administración Pública en el marco de un procedimiento administrativo y en la que no haya intervenido de forma directa un empleado público.
b) Cualquier acto o actuación realizada al menos en parte a través de medios electrónicos por una Administración Pública en el marco de un procedimiento administrativo y en la que no haya intervenido de forma directa un empleado público.

c) Cualquier acto o actuación realizada íntegramente a través de medios electrónicos por una Administración Pública en el marco de un procedimiento administrativo y en la que haya intervenido de forma directa un empleado público.

d) Cualquier acto o actuación realizada al menos en parte a través de medios electrónicos por una Administración Pública en el marco de un procedimiento administrativo y en la que haya intervenido de forma directa un empleado público.

9. En relación con la firma electrónica del personal al servicio de las Administraciones Públicas, es cierto que:

a) En ningún caso, los sistemas de firma electrónica podrán referirse solo el número de identificación profesional del empleado público.

b) La actuación de una Administración Pública, órgano, organismo público o entidad de derecho público, cuando utilice medios electrónicos, se realizará mediante firma electrónica del titular del órgano o empleado público.

c) Cada Administración Pública determinará los sistemas de firma electrónica que debe utilizar su personal, los cuales deberán identificar de forma separada al titular del puesto de trabajo o cargo y a la Administración u órgano en la que presta sus servicios.

d) Con el fin de favorecer la interoperabilidad y posibilitar la verificación automática de la firma electrónica de los documentos electrónicos, cuando una Administración utilice sistemas de firma electrónica distintos de aquellos basados en certificado electrónico reconocido o cualificado, para remitir o poner a disposición de otros órganos, organismos públicos, entidades de Derecho Público o Administraciones la documentación firmada electrónicamente, deberá superponer un sello electrónico basado en un certificado electrónico reconocido.

10. Conforme al artículo 9.2 de la LPACAP, los interesados podrán identificarse electrónicamente ante las Administraciones Públicas a través de cualquier sistema que cuente con un registro previo como usuario que permita garantizar su:

a) Identidad.
b) Motivación.
c) Consentimiento.
d) Ubicación.

11. Una condición para que pueda realizarse válidamente la identificación o firma electrónica en el procedimiento administrativo del interesado por un funcionario público mediante el uso del sistema de firma electrónica del que esté dotado para ello, es que:

a) El interesado disponga de los medios electrónicos necesarios.
b) El interesado esté obligado a relacionarse con la Administración por medios electrónicos.

c) El interesado se identifique ante el funcionario y preste su consentimiento expreso para esta actuación.

d) El interesado sea una persona física o jurídica.

12. Procedimiento de verificación de la identidad digital de un sujeto en sus interacciones en el ámbito digital:

a) Identificación.
b) Autenticación.
c) Certificación.
d) Cualificación.

13. Los poderes inscritos en el *registro electrónico general de apoderamientos* tendrán una validez determinada máxima, a contar desde la fecha de inscripción, de:

a) 3 años.
b) 4 años.
c) 5 años.
d) Indefinida.

14. La actuación de una Administración Pública, órgano, organismo público o entidad de derecho público, cuando utilice medios electrónicos, se realizará mediante firma electrónica del titular del órgano o empleado público a través del que se ejerza la competencia. A este respecto, es cierto que:

a) Cada Administración Pública determinará los sistemas de firma electrónica que debe utilizar su personal, los cuales habrán de identificar de forma conjunta al titular del puesto de trabajo o cargo y a la Administración u órgano en la que presta sus servicios.

b) Los sistemas de firma electrónica podrán referirse solo el número de identificación profesional del empleado público.

c) Los certificados electrónicos de empleado público serán cualificados y se ajustarán a lo señalado en el Esquema Nacional de Interoperabilidad y la legislación vigente en materia de identidad y firma electrónica.

d) En ningún caso se podrá solicitar la revelación de la identidad del titular de un certificado de empleado público con número de identificación profesional.

15. El acceso por el interesado, debidamente identificado, al contenido de la actuación administrativa correspondiente a través de la sede electrónica del órgano u organismo público actuante:

a) Es una manera válida de notificar, por comparecencia electrónica.
b) No es un medio de notificación autorizado reglamentariamente.

c) Tendrá efectos de notificación si el interesado manifiesta expresamente su consentimiento.

d) Siempre se entenderá como practicada la notificación, aunque no quede constancia de dicho acceso.

En MADTEST tienes **más preguntas de este tema**, y todos tus avances quedan registrados y se reflejan en el ranking.

¡Supera tus límites con MADTEST!

Solución al test n.º 3

1. c) A menos que su naturaleza exija otra forma más adecuada de expresión y constancia.

2. b) Proactividad.

3. c) Principio de facilidad de uso.

4. c) Para ciertos colectivos que acrediten capacidad económica y técnica.

5. b) Asesoramiento jurídico para litigios en curso.

6. c) Funciones de recepción y acogida a los ciudadanos.

7. d) Sí, cuando así se haya dispuesto reglamentariamente.

8. a) Cualquier acto o actuación realizada íntegramente a través de medios electrónicos por una Administración Pública en el marco de un procedimiento administrativo y en la que no haya intervenido de forma directa un empleado público.

9. b) La actuación de una Administración Pública, órgano, organismo público o entidad de derecho público, cuando utilice medios electrónicos, se realizará mediante firma electrónica del titular del órgano o empleado público.

10. a) Identidad.

11. c) El interesado se identifique ante el funcionario y preste su consentimiento expreso para esta actuación.

12. b) Autenticación.

13. c) 5 años.

14. c) Los certificados electrónicos de empleado público serán cualificados y se ajustarán a lo señalado en el Esquema Nacional de Interoperabilidad y la legislación vigente en materia de identidad y firma electrónica.

15. a) Es una manera válida de notificar, por comparecencia electrónica.

TEST N.º 4

Transparencia de la actividad pública: la publicidad activa y el derecho de acceso a la información pública en Castilla y León. La protección de datos personales: principios y derechos de los interesados y obligaciones de los empleados públicos. Seguridad de la información y protección de datos de la Administración de la Comunidad de Castilla y León: uso de medios digitales y obligaciones del personal

1. Según el artículo 5.4 de la Ley 19/2013, de 9 de diciembre, de transparencia, acceso a la información pública y buen gobierno, la información sujeta a las obligaciones de transparencia será publicada en las correspondientes sedes electrónicas o páginas web:

a) De una manera clara, estructurada y entendible para los interesados.
b) Obligatoriamente, en formatos reutilizables.
c) Previa autorización del órgano inmediatamente superior al responsable de la sede electrónica o página web.
d) En los términos que establezca una ley.

2. En virtud del artículo 5.3 de la Ley 19/2013, cuando la información pública contuviera datos especialmente protegidos, la publicidad solo se llevará a cabo:

a) Previa disociación de los mismos.
b) Previo consentimiento de los afectados.
c) De forma personalizada.
d) De forma codificada.

3. En virtud del artículo 7 de la Ley 19/2013, de 9 de diciembre, de transparencia, acceso a la información pública y buen gobierno, ¿deben publicar las Administraciones Públicas, en el ámbito de sus competencias, las directrices, instrucciones, acuerdos, circulares o respuestas a consultas planteadas por los particulares u otros órganos?

a) No, en ningún caso.
b) Sí, en todo caso.
c) Sí, siempre que no tengan efectos jurídicos.
d) Sí, en la medida en que supongan una interpretación del Derecho o tengan efectos jurídicos.

4. En virtud del artículo 11 de la Ley 19/2013, de 9 de diciembre, de transparencia, acceso a la información pública y buen gobierno, el Portal de la Transparencia proporcionará información estructurada sobre los documentos y recursos de información con vistas a facilitar la identificación y búsqueda de la información, en base al principio de:

a) Interoperabilidad.
b) Accesibilidad.
c) Reutilización.
d) Disponibilidad.

5. La iniciativa normativa de las Administraciones Públicas debe evitar cargas administrativas innecesarias o accesorias y racionalizar la gestión de los recursos públicos, en aplicación del principio de:

a) Accesibilidad.
b) Eficacia.
c) Simplicidad.
d) Seguridad jurídica.

6. La transparencia de la actividad pública, respecto a la casa de su Majestad el Rey:

a) No se aplica.
b) Se aplica en todas sus actividades.
c) Se aplica en sus actividades sujetas al Derecho Administrativo.
d) Se aplica solo en sus actividades de índole política.

7. Para que se aplique la Ley 19/2013 a sociedades mercantiles, la participación en las mismas de entidades de Derecho Público debe ser superior al:

a) 10 por 100.
b) 20 por 100.
c) 50 por 100.
d) No se aplica en caso alguno dicha ley a este tipo de sociedades.

8. Si la información pública solicitada incluyese datos personales que hagan referencia a la salud:

a) Solo se concederá el acceso previa ponderación suficientemente razonada del interés público en la divulgación de la información y los derechos de los afectados cuyos datos aparezcan en la información solicitada.
b) Solo podrá autorizarse el acceso al propio afectado o a su representante.
c) Solo se podrá autorizar el acceso en caso de que se cuente con el consentimiento expreso del afectado.
d) Solo se podrá autorizar el acceso en caso de que se cuente con el consentimiento expreso del afectado o si el acceso estuviera amparado por una norma con rango de ley.

9. Según lo previsto en el artículo 18 de la Ley 19/2013, de 9 de diciembre, de transparencia, acceso a la información pública y buen gobierno, se inadmitirán a trámite, mediante resolución motivada, las solicitudes de acceso a la información:

a) Relativas a los intereses económicos y turísticos.

b) Relativas a la garantía de la confidencialidad o el secreto requerido en procesos de toma de decisión.

c) Relativas a información para cuya divulgación sea necesaria una acción previa de reelaboración.

d) Relativas a infraestructuras críticas.

10. Señalar la opción incorrecta. El derecho de acceso a la información pública podrá ser limitado cuando acceder a la información suponga un perjuicio para:

a) Los intereses económicos y comerciales.

b) La garantía de la confidencialidad o el secreto requerido en procesos de toma de decisión.

c) El honor de los funcionarios o cargos directivos.

d) La protección del medio ambiente.

11. Señalar la opción incorrecta. La solicitud de acceso a la información pública podrá presentarse por cualquier medio que permita tener constancia de:

a) La identidad del solicitante.

b) La información que se solicita.

c) Una dirección de contacto, preferentemente electrónica, a efectos de comunicaciones.

d) La motivación de la solicitud.

12. No es una causa de inadmisión de las solicitudes de acceso a la información pública:

a) Que se refieran a información que esté en curso de elaboración o de publicación general.

b) Que se dirijan a un órgano en cuyo poder no obre la información.

c) Que sean manifiestamente repetitivas.

d) Que se refieran a información para cuya divulgación sea necesaria una acción previa de reelaboración.

13. Cuando la solicitud de información pública no identifique de forma suficiente la información, se pedirá al solicitante que la concrete en un plazo de:

a) 10 días.

b) 15 días.

c) 20 días.

d) 30 días.

14. En relación a la solicitud de acceso a la información pública, es cierto que:

a) Los solicitantes de información podrán dirigirse a las Administraciones Públicas en cualquiera de las lenguas cooficiales del Estado en el territorio en el que radique la Administración en cuestión.

b) El solicitante está obligado a motivar su solicitud de acceso a la información.

c) El solicitante podrá exponer los motivos por los que solicita la información, en cuyo caso deberán ser tenidos en cuenta cuando se dicte la resolución.

d) La ausencia de motivación será por si sola causa de rechazo de la solicitud.

15. Conforme al artículo 18.1 de la Ley 19/2013, las solicitudes referidas a información que tenga carácter auxiliar o de apoyo como la contenida en notas, borradores, opiniones, resúmenes, comunicaciones e informes internos o entre órganos o entidades administrativas:

a) Están obligadas a indicar el motivo de la solicitud.

b) Se admitirán previa ponderación suficientemente razonada del interés público en la divulgación de la información.

c) Se inadmitirán a trámite, mediante resolución motivada.

d) Se entenderán dotadas de un carácter abusivo no justificado con la finalidad de transparencia de esta Ley.

En MADTEST tienes **más preguntas de este tema**, y todos tus avances quedan registrados y se reflejan en el ranking.

¡Supera tus límites con MADTEST!

Solución al test n.º 4

1. a) De una manera clara, estructurada y entendible para los interesados.

2. a) Previa disociación de los mismos.

3. d) Sí, en la medida en que supongan una interpretación del Derecho o tengan efectos jurídicos.

4. b) Accesibilidad.

5. b) Eficacia.

6. c) Se aplica en sus actividades sujetas al Derecho Administrativo.

7. c) 50 por 100.

8. d) Solo se podrá autorizar el acceso en caso de que se cuente con el consentimiento expreso del afectado o si el acceso estuviera amparado por una norma con rango de ley.

9. c) Relativas a información para cuya divulgación sea necesaria una acción previa de reelaboración.

10. c) El honor de los funcionarios o cargos directivos.

11. d) La motivación de la solicitud.

12. b) Que se dirijan a un órgano en cuyo poder no obre la información.

13. a) 10 días.

14. a) Los solicitantes de información podrán dirigirse a las Administraciones Públicas en cualquiera de las lenguas cooficiales del Estado en el territorio en el que radique la Administración en cuestión.

15. c) Se inadmitirán a trámite, mediante resolución motivada.

TEST N.º 5

El concepto de documento. Análisis documental: documentos oficiales. Formación del expediente. El expediente electrónico. Documentación de apoyo informativo

1. Desde el punto de vista administrativo, un documento se caracteriza fundamentalmente porque:

a) Constituye un soporte físico de información archivada.
b) Tiene siempre valor histórico.
c) Es el instrumento básico a través del cual se deja constancia de la actuación administrativa.
d) Se produce de forma aislada.

2. La característica de seriación de los documentos administrativos implica que:

a) Los documentos se producen como resultado de una actividad continuada.
b) Los documentos se conservan de forma permanente.
c) Cada documento tiene un valor jurídico autónomo.
d) Los documentos se agrupan por soporte.

3. La función garantista del documento administrativo se manifiesta en que:

a) Permite el control interno de la actividad administrativa.
b) Asegura la conservación histórica de la documentación.
c) Facilita la interoperabilidad entre Administraciones Públicas.
d) Garantiza los derechos de los ciudadanos frente a la Administración.

4. El principio de autenticidad de los documentos administrativos electrónicos garantiza principalmente:

a) La conservación durante los plazos legales.
b) La identificación del órgano o persona autora del documento.
c) El acceso público a la información.
d) La disponibilidad permanente del documento.

5. El principio de integridad de los documentos administrativos electrónicos implica que:

a) El documento pueda ser reutilizado.
b) El documento refleje fielmente la actuación administrativa.
c) El documento sea accesible a través de la sede electrónica.
d) El contenido del documento no haya sido alterado desde su emisión.

6. La fiabilidad de un documento administrativo hace referencia a que:

a) Puede intercambiarse entre Administraciones.
b) Está firmado electrónicamente.
c) Constituye una evidencia válida y exacta de la actuación administrativa.
d) Tiene valor histórico.

7. El principio de disponibilidad exige que los documentos administrativos:

a) Se conserven en archivos históricos.
b) Sean accesibles a todos los ciudadanos.
c) Puedan ser localizados y recuperados cuando sea necesario.
d) Sean emitidos en soporte electrónico.

8. El principio de interoperabilidad permite que los documentos administrativos:

a) Sean destruidos conforme a las tablas de valoración.
b) Se intercambien entre Administraciones sin pérdida de validez ni significado.
c) Sean reutilizables por los ciudadanos.
d) Formen parte de varios expedientes sin control documental.

9. La edad administrativa de los documentos se caracteriza porque:

a) Predomina el valor histórico.
b) El documento tiene pleno valor administrativo y uso frecuente.
c) Los documentos se conservan en archivos históricos.
d) Se inicia la valoración documental.

10. En la edad intermedia de los documentos:

a) Se produce la eliminación inmediata.
b) El documento pierde todo valor administrativo.
c) El documento puede ser necesario para consultas esporádicas o defensa de derechos.
d) El documento adquiere valor cultural.

11. El paso de una edad documental a otra se produce mediante:

a) Digitalización de documentos.
b) Actuaciones administrativas automatizadas.

c) Transferencias documentales reguladas.
d) Eliminación directa de documentos.

12. Son documentos administrativos aquellos que:

a) Tienen valor informativo.
b) Son emitidos por personas físicas.
c) Se incorporan a archivos históricos.
d) Son válidamente emitidos por las Administraciones Públicas en el ejercicio de sus competencias.

13. Conforme a la LPACAP, con carácter general los documentos administrativos deberán emitirse:

a) En soporte papel.
b) Por escrito y por medios electrónicos.
c) En formato audiovisual.
d) En soporte informático sin identificación.

14. Para que un documento electrónico sea válido, conforme al artículo 26.2 de la LPACAP, deberá:

a) Formar parte de un expediente administrativo.
b) Ser accesible públicamente.
c) Incorporar los metadatos mínimos exigidos.
d) Tener valor histórico.

15. Los documentos electrónicos publicados con carácter meramente informativo:

a) Carecen de validez jurídica.
b) Requieren firma electrónica cualificada.
c) No pueden ser documentos administrativos.
d) No requieren firma electrónica, aunque deben permitir identificar su origen.

En MADTEST tienes **más preguntas de este tema**, y todos tus avances quedan registrados y se reflejan en el ranking.

¡Supera tus límites con MADTEST!

Solución al test n.º 5

1. c) Es el instrumento básico a través del cual se deja constancia de la actuación administrativa.

2. a) Los documentos se producen como resultado de una actividad continuada.

3. d) Garantiza los derechos de los ciudadanos frente a la Administración.

4. b) La identificación del órgano o persona autora del documento.

5. d) El contenido del documento no haya sido alterado desde su emisión.

6. c) Constituye una evidencia válida y exacta de la actuación administrativa.

7. c) Puedan ser localizados y recuperados cuando sea necesario.

8. b) Se intercambien entre Administraciones sin pérdida de validez ni significado.

9. b) El documento tiene pleno valor administrativo y uso frecuente.

10. c) El documento puede ser necesario para consultas esporádicas o defensa de derechos.

11. c) Transferencias documentales reguladas.

12. d) Son válidamente emitidos por las Administraciones Públicas en el ejercicio de sus competencias.

13. b) Por escrito y por medios electrónicos.

14. c) Incorporar los metadatos mínimos exigidos.

15. d) No requieren firma electrónica, aunque deben permitir identificar su origen.

TEST N.º 6

El archivo de los documentos administrativos. Clases de archivos y criterios de ordenación. Archivo electrónico de documentos. El acceso a los documentos administrativos: sus limitaciones y formas de acceso

1. Desde la perspectiva jurídico-administrativa, el archivo se concibe principalmente como:

a) Un conjunto orgánico de documentos producidos o reunidos en el ejercicio de una actividad.
b) Un lugar físico de custodia documental.
c) Un repositorio tecnológico de información.
d) Un mueble destinado a conservar expedientes.

2. Según la normativa archivística de Castilla y León, los archivos tienen entre sus finalidades:

a) Centralizar toda la documentación administrativa.
b) Garantizar derechos, servir a la gestión y facilitar la investigación.
c) Sustituir los procedimientos administrativos.
d) Limitar el acceso ciudadano a los documentos.

3. Atendiendo al ciclo vital de los documentos, los archivos se clasifican en:

a) Públicos y privados.
b) Electrónicos y en papel.
c) De gestión, centrales, intermedios e históricos.
d) Administrativos y culturales.

4. Los archivos de gestión custodian documentos que:

a) Han adquirido valor histórico.
b) Carecen de valor administrativo.
c) Se encuentran en fase activa o de consulta frecuente.
d) Han sido transferidos definitivamente.

5. Una función propia del archivo de gestión es:

a) Autorizar la eliminación documental.
b) Eliminar la documentación de apoyo informativo generada en la oficina.
c) Custodiar documentación histórica.
d) Resolver solicitudes de acceso ciudadano.

6. Los archivos centrales se caracterizan porque:

a) Custodian documentos en tramitación.
b) Conservan documentación finalizada con valor administrativo, legal o fiscal.
c) Custodian documentación histórica permanente.
d) Sustituyen a los archivos de gestión.

7. Entre las funciones del archivo central se encuentra:

a) Proponer la valoración documental y el destino de las series.
b) Aplicar políticas de acceso público.
c) Garantizar la preservación permanente.
d) Gestionar archivos históricos.

8. El archivo intermedio custodia documentos que:

a) Se encuentran en plena vigencia administrativa.
b) Carecen de cualquier valor jurídico.
c) Han perdido vigencia administrativa inmediata, pero no son históricos.
d) Deben eliminarse de forma inmediata.

9. Los archivos históricos se caracterizan por:

a) Custodiar documentos en uso frecuente.
b) Aplicar calendarios de conservación.
c) Eliminar documentación sin valor.
d) Conservar permanentemente documentos con valor histórico o cultural.

10. El principio archivístico de procedencia exige que los documentos:

a) Se ordenen cronológicamente.
b) Se agrupen por materias.
c) Se integren en colecciones temáticas.
d) Se conserven atendiendo al órgano o entidad que los produjo.

11. La clasificación documental tiene como finalidad principal:

a) Reflejar la estructura orgánica o funcional de la institución productora.
b) Establecer el orden cronológico.

c) Facilitar la eliminación automática.
d) Determinar el acceso público.

12. La ordenación documental se diferencia de la clasificación porque:

a) Determina el fondo documental.
b) Se aplica una vez definida la serie documental.
c) Sustituye a la clasificación.
d) Actúa al margen de los principios archivísticos.

13. La ordenación cronológica resulta especialmente adecuada cuando:

a) Los documentos carecen de fecha.
b) Se trata de documentación histórica.
c) El criterio temporal es relevante para la gestión y consulta.
d) Existen múltiples órganos productores.

14. La ordenación alfabética onomástica se utiliza preferentemente en:

a) Series presupuestarias.
b) Expedientes relativos a personas físicas o jurídicas.
c) Archivos históricos.
d) Registros generales.

15. La ordenación numérica es habitual en:

a) Expedientes y registros con numeración correlativa asignada.
b) Series abiertas por materias.
c) Fondos documentales cerrados.
d) Documentación histórica.

En MADTEST tienes **más preguntas de este tema**, y todos tus avances quedan registrados y se reflejan en el ranking.

¡Supera tus límites con MADTEST!

Solución al test n.º 6

1. a) Un conjunto orgánico de documentos producidos o reunidos en el ejercicio de una actividad.

2. b) Garantizar derechos, servir a la gestión y facilitar la investigación.

3. c) De gestión, centrales, intermedios e históricos.

4. c) Se encuentran en fase activa o de consulta frecuente.

5. b) Eliminar la documentación de apoyo informativo generada en la oficina.

6. b) Conservan documentación finalizada con valor administrativo, legal o fiscal.

7. a) Proponer la valoración documental y el destino de las series.

8. c) Han perdido vigencia administrativa inmediata, pero no son históricos.

9. d) Conservar permanentemente documentos con valor histórico o cultural.

10. d) Se conserven atendiendo al órgano o entidad que los produjo.

11. a) Reflejar la estructura orgánica o funcional de la institución productora.

12. b) Se aplica una vez definida la serie documental.

13. c) El criterio temporal es relevante para la gestión y consulta.

14. b) Expedientes relativos a personas físicas o jurídicas.

15. a) Expedientes y registros con numeración correlativa asignada.

TEST N.º 7

El trabajo administrativo: técnicas de simplificación administrativa. Las actuaciones de la Administración de Castilla y León en Administración electrónica y simplificación administrativa

1. La simplificación administrativa consiste en:

a) Ordenar el procedimiento administrativo conforme a un criterio razonable de tiempo, del coste y de la norma.
b) Agilizar un procedimiento administrativo para que sea lo más económico y lo más ajustado al derecho.
c) Reducir o eliminar documentos, trámites y procedimientos administrativos con el fin de evitar desplazamientos, economizar tiempo y ahorrar costes.
d) Ajustar a la norma.

2. La racionalización y simplificación de procedimientos administrativos puede realizarse a varios niveles. ¿En qué nivel de actuación se descenderá al detalle y particularidades del procedimiento concreto, independiente y complementariamente del proceso de racionalización y simplificación que se haya realizado de la familia a la que pertenece?

a) Primer nivel.
b) Segundo nivel.
c) Tercer nivel.
d) Nivel según la norma.

3. El establecimiento de modelos de declaración, memorias o test de conformidad que faciliten la elaboración de informes preceptivos son:

a) Criterios de simplificación y agilización de los procedimientos.
b) Criterios de reducción de cargas y simplificación documental.
c) Criterios de racionalización de un procedimiento.
d) Criterios de eliminación de documentos.

4. Supone un criterio de reducción de cargas y simplificación documental:

a) La unificación o eliminación de documentos.

b) La agilización de las comunicaciones.

c) La supresión o simplificación de trámites que no aporten valor añadido o que supongan dilaciones del procedimiento, siempre que no afecten a las garantías de las personas interesadas.

d) La supresión o reducción de la documentación requerida a las personas interesadas y su posible sustitución por transmisiones de datos o la presentación de declaraciones responsables.

5. Uno de los principios que propone la Comisión Europea respecto a la forma de reducir las cargas administrativas, que implica verificar que la misma obligación de información no se impone varias veces por canales diferentes y eliminar los casos de solapamiento, es:

a) Reducir la frecuencia.

b) Evitar redundancias.

c) Automatización.

d) Priorización.

6. Una de las medidas directas que permite la reducción de cargas administrativas es:

a) La eliminación o simplificación de trámites.

b) La reducción de plazos.

c) El silencio administrativo.

d) La información y lenguaje administrativos.

7. Entre las medidas indirectas que permite la reducción de cargas administrativas encontramos:

a) La coordinación administrativa.

b) La eliminación de procedimientos.

c) La simplificación documental.

d) La reducción de plazos y silencio administrativo.

8. ¿Qué principio obliga a la Comunidad Autónoma de Castilla y León a utilizar técnicas y métodos que permitan la simplificación de trámites, la eliminación de procedimientos innecesarios y la disminución de los tiempos de espera?

a) Principio de eficacia.

b) Principio de transparencia.

c) Principio de simplicidad.

d) Principio de dinamización.

9. ¿Con qué frecuencia debe elaborar la Junta de Castilla y León un informe sobre la implantación de la Administración electrónica, que se remitirá a las Cortes de Castilla y León para su examen en la Comisión competente en materia de Administración Pública?

a) Semestralmente.
b) Con carácter anual.
c) Cada dos años.
d) No hay una frecuencia establecida.

10. El artículo 44 de la Ley 2/2010 se refiere a la actuación de la Administración de Castilla y León en relación a:

a) Las prestaciones de servicios, comunicaciones y relaciones con los ciudadanos.
b) La protección de datos de carácter personal.
c) El acceso electrónico a la Administración autonómica.
d) Todo lo relacionado con la sede electrónica.

11. ¿En qué artículo de la Ley 2/2010 encontramos todo lo relacionado con el registro electrónico?

a) Artículo 47.
b) Artículo 48.
c) Artículo 49.
d) Artículo 50.

12. Señala la respuesta incorrecta. Los expedientes electrónicos respetarán los principios de:

a) Completitud.
b) Integridad.
c) Accesibilidad e interconexión con otros documentos y expedientes electrónicos.
d) Simplicidad.

13. La utilización de medios electrónicos en la Administración de la Comunidad de Castilla y León está regulada por:

a) La Ley 2/2010, de 11 de marzo.
b) La Ley 6/2017, de 20 de octubre.
c) El Decreto 7/2013, de 14 de febrero.
d) El Decreto 6/2016, de 17 de marzo.

14. ¿Qué organismo establecerá los requisitos y las condiciones de uso de los sellos electrónicos en el ámbito de la Administración de la Comunidad de Castilla y León, de acuerdo con lo establecido en los Esquemas Nacionales de Seguridad e Interoperabilidad?

a) La consejería competente para la dirección y ejecución de las actuaciones en materia de Administración electrónica.

b) Cada una de las consejerías que utilice el sistema de sellos electrónicos.

c) Cada administración pública que contenga un vínculo con la Administración de la Comunidad de Castilla y León.

d) La Consejería de la Presidencia de la Administración de la Comunidad de Castilla y León.

15. En el servicio de registro electrónico que puede ser utilizado por las diferentes aplicaciones de la Junta de Castilla y León, se puede presentar una solicitud electrónicamente y sin desplazamientos, para lo cual es necesario:

a) DNI y firma.

b) Firma y Custodia.

c) Certificado electrónico.

d) Clave de permiso de acceso.

En MADTEST tienes **más preguntas de este tema**, y todos tus avances quedan registrados y se reflejan en el ranking.

¡Supera tus límites con MADTEST!

Solución al test n.º 7

1. c) Reducir o eliminar documentos, trámites y procedimientos administrativos con el fin de evitar desplazamientos, economizar tiempo y ahorrar costes.

2. b) Segundo nivel.

3. a) Criterios de simplificación y agilización de los procedimientos.

4. d) La supresión o reducción de la documentación requerida a las personas interesadas y su posible sustitución por transmisiones de datos o la presentación de declaraciones responsables.

5. b) Evitar redundancias.

6. a) La eliminación o simplificación de trámites.

7. d) La reducción de plazos y silencio administrativo.

8. c) Principio de simplicidad.

9. b) Con carácter anual.

10. c) El acceso electrónico a la Administración autonómica.

11. b) Artículo 48.

12. d) Simplicidad.

13. c) El Decreto 7/2013, de 14 de febrero.

14. a) La consejería competente para la dirección y ejecución de las actuaciones en materia de Administración electrónica.

15. b) Firma y Custodia.

TEST N.º 8

Informática básica. Principales componentes de un ordenador. Sistemas operativos: especial referencia a Windows 11. El explorador de Windows 11. Gestión de carpetas y archivos. Nociones básicas de seguridad informática

1. ¿Cuál de las siguientes opciones no es un permiso de usuario autentificado en una carpeta de Windows 11?

a) Lectura y escritura.
b) Lectura y ejecución.
c) Mostrar el contenido de la carpeta.
d) Modificar.

2. ¿Cuál es la combinación de teclas que hace que se abra una nueva ventana en el explorador de archivos?

a) Ctrl + N.
b) Ctrl + F.
c) Alt + N.
d) Alt + F.

3. ¿Cuál es la acción que realiza en el explorador de archivos la combinación de teclas Alt + Flecha arriba?

a) Ver la carpeta siguiente.
b) Ver la carpeta que contenía la carpeta seleccionada.
c) Ver la carpeta anterior.
d) Abrir el cuadro de diálogo Propiedades del elemento seleccionado.

4. En la frase: "Es posible que hayamos empezado a cortar un archivo y cambiemos de opinión y no queramos moverlo. No pasa nada, pulsamos la tecla _____ para indicar que no vamos a continuar". ¿A qué tecla se refiere?

a) Esc.
b) Tab.

c) Ctrl.
d) Alt + Shift.

5. ¿A cuánto equivalen 762 Kb?

a) 780.831 bits.
b) 780.831 Kbytes.
c) 780.831 Mbytes.
d) 780.831 bytes.

6. ¿Cuál es la combinación de teclas que hace que se seleccione la barra de direcciones en el explorador de archivos?

a) Ctrl + D.
b) Ctrl + F.
c) Alt + D.
d) Alt + E.

7. Desde un punto de restauración, ¿a cuál de los siguientes elementos, instalados después de crear el punto de restauración, no afecta la restauración del sistema Windows?

a) A las aplicaciones.
b) A los archivos personales.
c) A los controladores.
d) A las actualizaciones.

8. ¿Cuál de los siguientes símbolos no pueden usarse en el nombre de un archivo de Windows?

a) \ ?
b) @ ?
c) < $
d) < > &

9. ¿Qué combinación de teclas me permite volver a las carpetas anteriores en el historial del Explorador de archivos de Windows?

a) Alt + Flecha izquierda.
b) Ctrl + S.
c) Windows ⊞ + U.
d) Ctrl + Flecha izquierda.

10. En la opción "Este Equipo" del explorador de Windows, además de las carpetas por defecto, encontraré información de:

a) Conexiones de Red.
b) Unidades de disco.

c) Nuevos Elementos.
d) Carpetas favoritas.

11. En el Explorador de Windows 11:

a) Hay Cinta de Opciones, Caja de direcciones y panel de navegación.
b) Hay Cinta de Opciones, Caja de Búsqueda y panel de direcciones.
c) Hay Cinta de Opciones, Caja de navegación y panel de búsqueda.
d) Hay Cinta de Opciones, Caja de Búsqueda y panel de navegación.

12. Windows PowerShell:

a) Es la nueva ayuda en Windows 11.
b) Es el nuevo gestor de arranque del sistema.
c) Es una versión mejorada del intérprete de comandos DOS.
d) Es una forma de llamar al sistema operativo MSDos.

13. En Windows 11 queremos refrescar el contenido de la ventana activa. ¿Qué tecla o teclas de acceso rápido utilizaremos?

a) F5.
b) Ctr + X.
c) Alt + F4.
d) Ctrl + Alt + Tab.

14. ¿Cuál de los siguientes son todos modos de captura de la herramienta Recortes?

a) Forma Libre, rectangular y circular.
b) Forma Libre, ventana y línea.
c) Forma Libre, circular y ventana.
d) Forma Libre, rectangular y ventana.

15. Al realizar una búsqueda avanzada desde el explorador de Windows 11, en el tamaño, cual no es una opción correcta:

a) Minúsculo.
b) Mediano.
c) Muy grande.
d) Gigantesco.

En MADTEST tienes **más preguntas de este tema**, y todos tus avances quedan registrados y se reflejan en el ranking.

¡Supera tus límites con MADTEST!

211

Solución al test n.º 8

1. a) Lectura y escritura.

2. a) Ctrl + N.

3. b) Ver la carpeta que contenía la carpeta seleccionada.

4. a) Esc.

5. d) 780.831 bytes.

6. c) Alt + D.

7. b) A los archivos personales.

8. a) \ ?

9. a) Alt + Flecha izquierda.

10. b) Unidades de disco.

11. d) Hay Cinta de Opciones, Caja de Búsqueda y panel de navegación.

12. c) Es una versión mejorada del intérprete de comandos DOS.

13. a) F5.

14. d) Forma Libre, rectangular y ventana.

15. c) Muy grande.

TEST N.º 9

Sistemas ofimáticos colaborativos. Procesadores de textos: Word para Microsoft 365. Hojas de cálculo: Excel para Microsoft 365. Funciones y utilidades

1. ¿Desde qué pestaña de la cinta de opciones de Word podremos comparar dos versiones de un documento?

a) Inicio.
b) Referencias.
c) Word no nos permite realizar esa acción.
d) Revisar.

2. ¿Cuál de las siguientes relaciones entre opción y grupo no es correcta?

a) Tachado y Fuente.
b) Interlineado y Párrafo.
c) Espaciado y Párrafo.
d) Hipervínculo y Referencias.

3. La alineación es un comando de Word 365 que afecta a:

a) La selección de texto.
b) La dirección del texto.
c) El interlineado del texto.
d) Los párrafos.

4. ¿En qué ficha y grupo está la opción para utilizar las tabulaciones?

a) Insertar / Tabulaciones.
b) Inicio / Párrafo/ botón cuadro diálogo Párrafo.
c) Inicio / formato / Tabulaciones.
d) Inicio / Tabulaciones.

5. En Word, ¿cuál es la diferencia entre pulsar INTRO y pulsar las teclas Mayúsculas + Intro?

a) Intro indica párrafo nuevo y Mayúsculas + Intro indica salto de línea.
b) No hay diferencias para Word.
c) Intro indica párrafo nuevo, y Mayúsculas + Intro indica salto de sección.
d) Intro indica salto de línea nuevo, y Mayúsculas + Intro indica salto de sección.

6. El botón Borrar Formato en Word:

a) Borra todo el Formato de la selección.
b) Deja el texto sin formato y lo elimina.
c) Funciona haciendo doble clic.
d) Ese botón existe en Excel, pero no en Word.

7. Los sangrados en Word:

a) Definen el límite izquierdo de los párrafos de un documento, pero no el derecho.
b) Definen el límite derecho de los párrafos de un documento, pero no el izquierdo.
c) Definen el límite izquierdo y el límite derecho de los párrafos de un documento.
d) Definen el límite izquierdo de los párrafos de un documento y el estado de la primera línea de cada uno.

8. La carta modelo en un proceso de combinar correspondencia de Word:

a) Tendrá la tabla de datos para combinar.
b) No tendrá los campos de combinación.
c) Incluirá el texto que no varía.
d) Tendrá tantas hojas como datos se combinen.

9. El método más rápido para acceder a las opciones de la cinta de opciones de Word 365 es hacer un clic con el ratón sobre ellas; si queremos acceder a las distintas opciones de los paneles y menús a partir del teclado, podemos pulsar la tecla:

a) F1.
b) Shift.
c) Ctrl.
d) Alt.

10. La combinación de teclas para la alineación centrada es:

a) Ctrl + T
b) Ctrl + Q
c) Ctrl + J
d) Ctrl + Alt + C

11. El interlineado se puede definir como:

a) El espacio que hay entre los párrafos de un documento.
b) El espacio que hay entre los caracteres de un párrafo.
c) El espacio que hay entre los párrafos seleccionados.
d) El espacio que hay entre una y otra línea de un mismo párrafo.

12. ¿En qué menú de Word 365 se encuentra la opción Marcas de Agua?

a) Insertar.
b) Diseño.
c) Disposición.
d) Inicio.

13. ¿Qué combinación de teclas nos lleva en Word 365 al menú de impresión?

a) Alt + Ctrl + R
b) Alt + Ctrl + V
c) Alt + Ctrl + I
d) Alt + Ctrl + D

14. La sangría francesa:

a) Controla el límite izquierdo de todas las líneas del párrafo menos la segunda.
b) Controla el límite izquierdo de todas las líneas del párrafo menos la última.
c) Controla el límite izquierdo de todas las líneas del párrafo menos la primera.
d) Controla el límite derecho de todas las líneas del párrafo menos la segunda.

15. Para disminuir un nivel en una lista Multinivel de Word 365 pulsamos:

a) Mayúsculas + Control.
b) Mayúsculas + Ins.
c) Mayúsculas + L.
d) Ninguna es correcta.

En MADTEST tienes **más preguntas de este tema**, y todos tus avances quedan registrados y se reflejan en el ranking.

¡Supera tus límites con MADTEST!

215

Solución al test n.º 9

1. d) Revisar.

2. d) Hipervínculo y Referencias.

3. d) Los párrafos.

4. b) Inicio / Párrafo/ botón cuadro diálogo Párrafo.

5. a) Intro indica párrafo nuevo y Mayúsculas + Intro indica salto de línea.

6. a) Borra todo el Formato de la selección.

7. c) Definen el límite izquierdo y el límite derecho de los párrafos de un documento.

8. c) Incluirá el texto que no varía.

9. d) Alt.

10. a) Ctrl + T

11. d) El espacio que hay entre una y otra línea de un mismo párrafo.

12. b) Diseño.

13. c) Alt + Ctrl + I

14. c) Controla el límite izquierdo de todas las líneas del párrafo menos la primera.

15. d) Ninguna es correcta.

TEST N.º 10

**Correo electrónico: conceptos elementales y funcionamiento.
La red Internet: conceptos elementales y servicios**

Capítulo 1. Correo electrónico: conceptos elementales y funcionamiento

1. Indica cuál de las siguientes se considera una dirección de correo válida:

a) persona@proveedorcom
b) www.proveedor.com
c) persona.proveedor.com
d) cta@cts.es

2. La parte de la izquierda de una dirección de correo electrónico se denomina:

a) Dominio.
b) Organización.
c) Dominio de organización.
d) Nombre de Usuario.

3. Los clientes de correo POP:

a) Tienen que estar conectados todo el tiempo.
b) Los mensajes se descargan de golpe si están disponibles.
c) Los mensajes se descargan parcialmente aun sin estar disponibles.
d) Tienen que estar conectados a intervalos de 15′.

4. ¿Qué es un hoax?

a) Un bulo o noticia falsa.
b) Suplantación de identidad.

217

c) Un virus.
d) Un error de configuración en el navegador.

5. El protocolo SMTP:

a) Permite recibir mensajes.
b) Permite enviar mensajes.
c) Permite enviar y recibir mensajes.
d) No es un protocolo.

Capítulo 2. Redes de comunicaciones e Internet

1. El nacimiento de Internet se dio en:

a) Los años 80.
b) A raíz de la guerra fría.
c) A raíz de la conquista del espacio.
d) Ninguna de las anteriores.

2. Uno de los grandes cambios en la humanidad que se han producido gracias a Internet se podría decir que es:

a) La facilidad para realizar tareas.
b) La facilidad para realizar cálculos complejos.
c) La globalidad y la facilidad de llevar información en poco tiempo a lugares lejanos.
d) Ninguna de las anteriores se puede considerar un gran cambio.

3. Indica la abreviatura correcta de "Línea de abonado digital asimétrica":

a) HTTP.
b) FTP.
c) ADLS.
d) ADSL.

4. Para devolver resultados a partir de datos introducidos, las páginas usan:

a) GIC.
b) CIG.
c) CGI.
d) Ninguna de las anteriores.

5. Para bloquear el acceso a usuarios indeseados usaremos:

a) Exploradores.
b) Cookies.

c) Firewall.
d) Ninguna de las anteriores.

6. Un sistema de conversación en línea que actualmente está en desuso es:

a) Emails.
b) Blogs.
c) IRC.
d) Ninguna de las anteriores.

7. Una de las características del protocolo TCP es:

a) Se usa para enviar emails.
b) Cada paquete lleva la dirección de destino.
c) Se usa para recibir emails.
d) Ninguna de las anteriores.

8. En el protocolo TCP el destino:

a) Recibe todos los paquetes sin comprobarlos.
b) Recibe algunos paquetes y supone los otros.
c) Al recibir los paquetes comprueba que están todos.
d) Ninguna de las anteriores.

9. Una de las formas usadas para evitar agotar las direcciones IP es:

a) No asignar IPs a menos que se cumplan ciertos requisitos.
b) Dividir los sistemas en redes privadas y públicas.
c) No se usa ningún sistema para evitar agotar las direcciones y habrá que buscar alternativas.
d) Ninguna de las anteriores.

10. Lo más valorable en los contenidos de la red debería ser:

a) Complejidad técnica y visual.
b) Rapidez.
c) Simplicidad y claridad de ideas.
d) Ninguna de las anteriores.

En MADTEST tienes **más preguntas de este tema**, y todos tus avances quedan registrados y se reflejan en el ranking.

¡Supera tus límites con MADTEST!

Solución al test n.º 10

Capítulo 1.

1. d) cta@cts.es

2. d) Nombre de usuario.

3. b) Los mensajes se descargan de golpe si están disponibles.

4. a) Un bulo o noticia falsa.

5. b) Permite enviar mensajes.

Capítulo 2.

1. b) A raíz de la guerra fría.

2. c) La globalidad y la facilidad de llevar información en poco tiempo a lugares lejanos.

3. d) ADSL.

4. c) CGI.

5. c) Firewall.

6. c) IRC.

7. b) Cada paquete lleva la dirección de destino.

8. c) Al recibir los paquetes comprueba que están todos.

9. b) Dividir los sistemas en redes privadas y públicas.

10. c) Simplicidad y claridad de ideas.

TEST N.º 11

Conceptos básicos sobre seguridad y salud en el puesto de trabajo. Riesgos y medidas preventivas asociadas al puesto de trabajo a desempeñar

1. ¿Qué se entiende por "riesgo laboral"?

a) La posibilidad de que un trabajador sufra un determinado daño derivado del trabajo.
b) La posibilidad de que un trabajador sufra una enfermedad en el trabajo.
c) La posibilidad de que un trabajador sufra acoso.
d) El riesgo que supone el ir a trabajar.

2. Indica cuál es la definición de prevención:

a) La probabilidad racional de que un riesgo se materialice de forma inminente.
b) El estudio de los procesos potencialmente peligrosos para el trabajo.
c) Conjunto de actividades o medidas adoptadas o previstas en todas las fases de actividad de la empresa con el fin de evitar o disminuir los riesgos derivados del trabajo.
d) Posibilidad de que un trabajador sufra un determinado daño derivado del trabajo.

3. ¿Cuál es la vigente Ley de Prevención de Riesgos Laborales?

a) Ley 32/1995, de 8 de noviembre.
b) Ley 30/1996, de 8 de noviembre.
c) Ley 31/1995, de 6 de noviembre.
d) Ley 31/1995, de 8 de noviembre.

4. Entre los principios de la acción preventiva recogidos por el artículo 15 de la Ley de Prevención de Riesgos Laborales no figura:

a) Evitar los riesgos.
b) Evaluar los riesgos que se puedan evitar.
c) Tener en cuenta la evolución de la técnica.
d) Dar las debidas instrucciones a los trabajadores.

5. Cualquier característica del trabajo que pueda tener una influencia significativa en la generación de riesgos para la seguridad y la salud del trabajador, es:

a) Una condición de trabajo.
b) Un factor de riesgo.
c) Un proceso potencialmente peligroso.
d) Una zona peligrosa.

6. Señale la respuesta incorrecta:

a) La Ley de Prevención de Riesgos Laborales se aplica a los operativos de Seguridad civil en casos de catástrofe.
b) La Ley de Prevención de Riesgos Laborales se aplica a las sociedades cooperativas.
c) En el ámbito de la relación laboral de carácter especial del servicio del hogar familiar, las personas trabajadoras tienen derecho a una protección eficaz en materia de seguridad y salud en el trabajo.
d) En los establecimientos penitenciarios, se adaptarán a la Ley de Prevención de Riesgos Laborales aquellas actividades cuyas características justifiquen una regulación especial.

7. En los casos de concurrencia de trabajadores de varias empresas en un centro de trabajo cuando existe un empresario principal, uno de los deberes de vigilancia por parte de este, consistirá en:

a) Impulsar la regulación de esquemas organizativos, que eviten los accidentes de trabajo.
b) Comprobar que las empresas contratistas y subcontratistas concurrentes en su centro de trabajo han establecido los necesarios medios de coordinación entre ellas.
c) Asegurar la correcta utilización por parte de los trabajadores de las empresas concurrentes de los correspondientes dispositivos de seguridad disponibles.
d) Asegurarse de que los trabajadores concurrentes disponen de la formación preventiva correspondiente.

8. Cuando los trabajadores estén expuestos a un riesgo grave e inminente con ocasión de su trabajo, y el empresario no adopte o no permita la adopción de las medidas necesarias para garantizar la seguridad y la salud de los trabajadores, la Ley 31/1995, de 8 de noviembre, de Prevención de Riesgos Laborales prevé que:

a) Los trabajadores afectados podrán paralizar la actividad.
b) El órgano de representación del personal instará formalmente al empresario a la adopción de las medidas necesarias.
c) Los Delegados de Prevención lo comunicarán a la autoridad laboral, que adoptará las medidas necesarias.
d) El órgano de representación de personal podrá acordar la paralización de la actividad.

9. Según establece el art. 4 de la Ley 31/1995, de 8 de noviembre, de Prevención de Riesgos Laborales, se define como daños derivados del trabajo:

a) La posibilidad de que un trabajador sufra un determinado daño derivado del trabajo.

b) El que resulte probable racionalmente que se materialice en un futuro inmediato y pueda suponer un daño grave para la salud de los trabajadores.

c) Las enfermedades, patologías o lesiones sufridas con motivo u ocasión del trabajo.

d) Cualquier máquina, aparato, instrumento o instalación utilizada en el trabajo.

10. El art. 21 de la LPRL establece los requisitos y el procedimiento para que los representantes legales de los trabajadores acuerden la paralización de la actividad de los trabajadores que están o puedan estar expuestos a un riesgo grave e inminente si el empresario no adopta las medidas necesarias para garantizar la seguridad y salud de los trabajadores. La medida será adoptada por:

a) Acuerdo por mayoría absoluta de sus miembros. Tal acuerdo será comunicado de inmediato a la empresa y a la autoridad laboral, la cual, en el plazo de 48 horas, anulará o ratificará la paralización acordada.

b) Acuerdo por mayoría de 2/3 de sus miembros. Tal acuerdo será comunicado de inmediato a la empresa y a la autoridad laboral, la cual, en el plazo de 24 horas, anulará o ratificará la paralización acordada.

c) Acuerdo por mayoría de sus miembros. Tal acuerdo será comunicado de inmediato a la empresa y a la autoridad laboral, la cual, en el plazo de 48 horas, anulará o ratificará la paralización acordada.

d) Acuerdo por mayoría de sus miembros. Tal acuerdo será comunicado de inmediato a la empresa y a la autoridad laboral, la cual, en el plazo de 24 horas, anulará o ratificará la paralización acordada.

11. El art. 29 de la LPRL establece las obligaciones de los trabajadores en materia de prevención de riesgos. De las siguientes no se considera una obligación del trabajador:

a) Utilizar correctamente los medios y equipos de protección facilitados por el empresario, de acuerdo con las instrucciones recibidas de este.

b) Usar adecuadamente, de acuerdo con su naturaleza y los riesgos previsibles, las máquinas, aparatos, herramientas, sustancias peligrosas, equipos de transporte y, en general, cualesquiera otros medios con los que desarrollen su actividad.

c) Informar de inmediato a su superior jerárquico directo, y a los trabajadores designados para realizar las actualizaciones que consideren oportunas en el equipo de protección individual.

d) No poner fuera de funcionamiento y utilizar correctamente los dispositivos de seguridad existentes o que se instalen en los medios relacionados con su actividad o en los lugares de trabajo en los que esta tenga lugar.

223

12. Para calificar un riesgo desde el punto de vista de su gravedad, se valorarán conjuntamente la severidad del daño y:

a) La probabilidad de que se produzca.
b) La cantidad de trabajadores de la empresa.
c) La existencia o no de equipos individuales de protección.
d) Las condiciones de trabajo.

13. Podrán realizar el plan de prevención de riesgos laborales, la evaluación de riesgos y la planificación de la actividad preventiva de forma simplificada, en atención a la naturaleza y peligrosidad de las actividades realizadas, empresas cuyo número de trabajadores no exceda de:

a) 30.
b) 50.
c) 80.
d) 100.

14. Los instrumentos esenciales para la gestión y aplicación del Plan de prevención de riesgos laborales son:

a) La evaluación de riesgos y la planificación de la actividad preventiva.
b) La evaluación inicial de riesgos y la formación.
c) La planificación y la gestión de la actividad preventiva.
d) La identificación y la evaluación de los riesgos.

15. El posible cambio de puesto de trabajo con riesgo para una trabajadora embarazada:

a) Deberá realizarse en caso de imposibilidad de adaptación del propio puesto.
b) Se hará previo informe en tal sentido del Servicio de Prevención.
c) Se determinará por el empresario, y dará información a los representantes de los trabajadores.
d) Se extenderá al período de lactancia.

En MADTEST tienes **más preguntas de este tema**, y todos tus avances quedan registrados y se reflejan en el ranking.

¡Supera tus límites con MADTEST!

Solución al test n.º 11

1. a) La posibilidad de que un trabajador sufra un determinado daño derivado del trabajo.

2. c) Conjunto de actividades o medidas adoptadas o previstas en todas las fases de actividad de la empresa con el fin de evitar o disminuir los riesgos derivados del trabajo.

3. d) Ley 31/1995, de 8 de noviembre.

4. b) Evaluar los riesgos que se puedan evitar.

5. a) Una condición de trabajo.

6. a) La Ley de Prevención de Riesgos Laborales se aplica a los operativos de Seguridad civil en casos de catástrofe.

7. b) Comprobar que las empresas contratistas y subcontratistas concurrentes en su centro de trabajo han establecido los necesarios medios de coordinación entre ellas.

8. d) El órgano de representación de personal podrá acordar la paralización de la actividad.

9. c) Las enfermedades, patologías o lesiones sufridas con motivo u ocasión del trabajo.

10. d) Acuerdo por mayoría de sus miembros. Tal acuerdo será comunicado de inmediato a la empresa y a la autoridad laboral, la cual, en el plazo de 24 horas, anulará o ratificará la paralización acordada.

11. c) Informar de inmediato a su superior jerárquico directo, y a los trabajadores designados para realizar las actualizaciones que consideren oportunas en el equipo de protección individual.

12. a) La probabilidad de que se produzca.

13. b) 50.

14. a) La evaluación de riesgos y la planificación de la actividad preventiva.

15. a) Deberá realizarse en caso de imposibilidad de adaptación del propio puesto.

Cómo acceder al Curso

Cuerpo Administrativo de la Administración
Test

El uso de los códigos **es exclusivo de los compradores de los productos de Editorial MAD**. Cada producto posee un código único y de un solo uso. Es personal e intransferible y da acceso a servicios y contenidos adicionales. Editorial MAD se reserva el derecho de hacer cuantas comprobaciones sean necesarias para identificar al legítimo poseedor del código y dejar de dar servicio a quien haga uso fraudulento del mismo, además de emprender cuantas acciones legales estime oportunas según la legislación vigente.

Deberás acceder a:

mad.es/registro-campus

Si una vez aceptadas las condiciones de uso del Campus decides hacer uso del mismo, necesitarás del siguiente código de acceso junto con los códigos del resto de títulos que se exigen (si fuera el caso):

8J1C5QLKAP